DOMINA TU CÁMARA

RÉFLEX O *MIRRORLESS*

Jaime de Diego

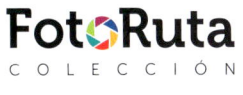

COLECCIÓN

[JdeJ *Editores*]

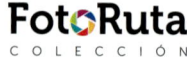

FotoRuta

C O L E C C I Ó N

Primera edición, noviembre 2013
Segunda edición, septiembre 2014
Tercera edición, enero 2016
Cuarta edición, junio 2017
Quinta edición, octubre 2019
Sexta edición, septiembre 2022

2026, nueva edición renovada y actualizada

© JdeJ Editores, 2026
© JCG Diseño Creativo, 2026
© de los textos y fotografías, Jaime de Diego

Editor:
Javier de Juan y Peñalosa

Diseño y maquetación:
JCG Diseño Creativo
www.juancarlosgonzalez.es

Coordinación editorial:
María Dolores Bagudá

JdeJ Editores
Sauces 7, Chalet 8. Monteprincipe
28660 - Boadilla del Monte (Madrid)
www.jdejeditores.com

Más información de la Colección FotoRuta:
www.FotoRuta.com

Impresión: Tauro Producción Gráfica
Distribución: SGEL Logista Libros

ISBN: 978-84-129967-6-0
Depósito Legal: M-3245-2026

Impreso en España – *Printed in Spain*

La fotografía, un arte que combina ilusión y técnica

Cómo llegar, paso a paso, a conseguir imágenes espectaculares

Gracias al enorme auge que ha sufrido la fotografía digital en los últimos años, y al gran desarrollo tecnológico de la misma, cada vez cuesta menos tener acceso a equipos de calidad y gozamos del privilegio de observar nuestras fotografías en el acto, aportando a este arte un mayor dinamismo. Pero es necesario seguir poniendo cariño y empeño en cada fotografía porque te aseguro que detrás de cada buena imagen se esconde una técnica que ahora vamos a desvelar y compartir; una buena imagen es mucho más que disparar el botón de la cámara.

Desde la aparición de la fotografía digital son muchos los que deciden sumergirse en un mundo de creatividad y entretenimiento de esta afición tan adictiva que te permite jugar con la luz para conseguir efectos e instantáneas de ensueño. Desde hace más de veintidós años combino mi labor de fotógrafo profesional con la de profesor de fotografía, aportando a todo aquel que se inicie o quiera perfeccionar su técnica, los conocimientos, experiencias y trucos que he aprendido durante mi carrera.

Tengo ahora la oportunidad de plasmar todo lo descrito anteriormente en este libro, esperando que te sirva de guía y motivación para adentrarte en este arte que inunda las inquietudes e ilusiones de muchos de nosotros.

Jaime de Diego

Índice

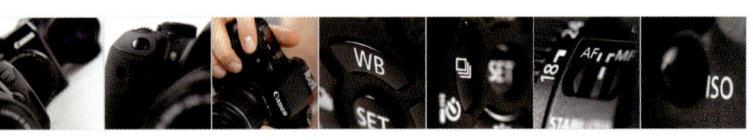

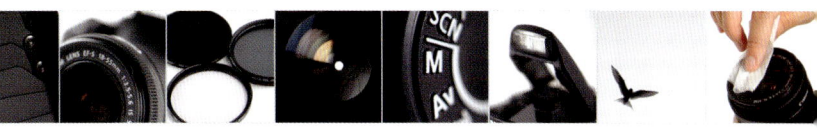

 Nota o dato aclaratorio

 Consejo del autor

 Dato a tener en cuenta al usar una cámara
compacta

 Practica con tu cámara

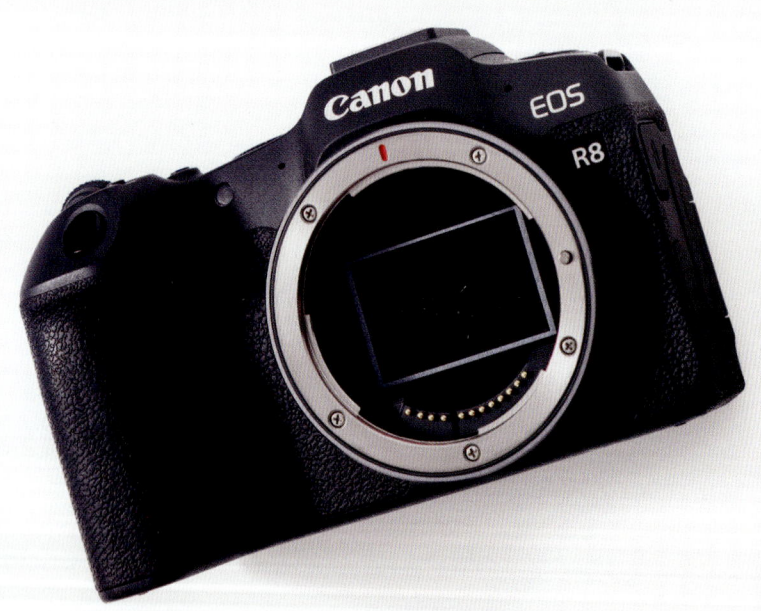

01. Introducción

Cámaras a las que va dirigido este libro

El gran progreso tecnológico que ha sufrido en estos últimos años la fotografía digital, así como el aumento exponencial del número de adeptos a la misma, ha propiciado el desarrollo de nuevos modelos de cámaras, que en un breve periodo de tiempo han inundado las estanterías de todas las tiendas.

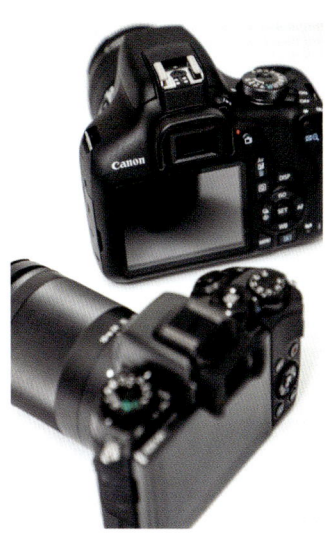

Dado que hoy en día son muchos los tipos de cámara que hay disponibles en el mercado, y puesto que el libro necesita de un único hilo conductor, he considerado necesario limitar la explicación a las cámaras **réflex o** *mirroless* de objetivo intercambiable.

De esta manera, si dispones de una compacta en la que no se pueda cambiar el objetivo, siempre que observes este icono ⚠, procura leer el texto que la acompaña, porque te proporcionará información de gran utilidad.

Tipos de cámara

A continuación te presento las características básicas de los tres tipos más comunes a la hora iniciarte en la fotografía.

■ CÁMARA RÉFLEX

La cámara réflex, recibe su nombre del sistema de reflexión de espejos (que porta en su interior), y que permiten la visualización de la imagen en tiempo real a través del visor.

FUNCIONAMIENTO DEL SISTEMA RÉFLEX

Para que a través del visor de tu cámara puedas ver la fotografía igual que la visualizas con tus propios ojos, la imagen tiene que sufrir algunas modificaciones en su interior.

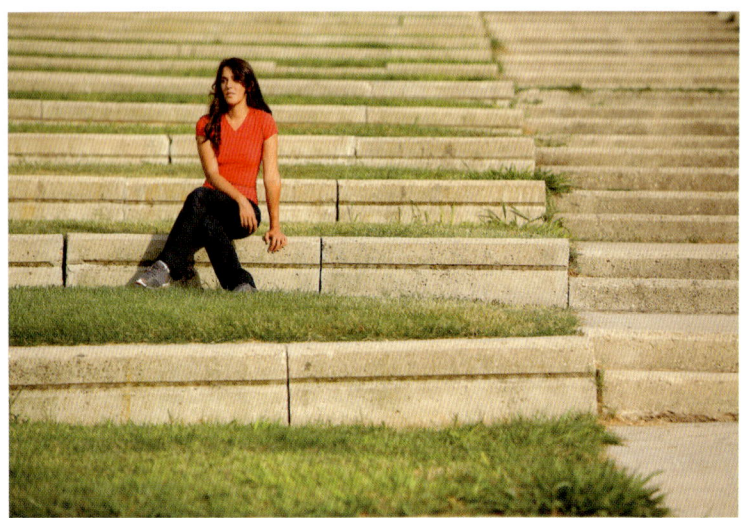

Imagen vista con tus propios ojos

Los pasos, desde que la luz de la imagen entra en la cámara hasta que se visualiza por el visor de manera correcta, son las siguientes:

1. La luz entra en la cámara a través del objetivo, creando a su salida una imagen invertida tanto en vertical (lo que tendría que encontrarse arriba se sitúa abajo, y viceversa), como en horizontal (lo de la izquierda está en la derecha, y viceversa).

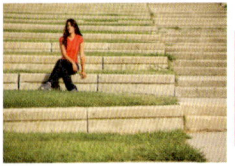 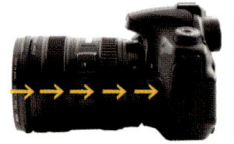 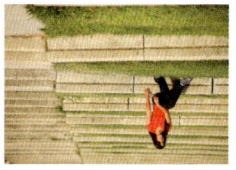

 Quita la tapa trasera y delantera de tu objetivo, mira a través de él, y observa cómo se forma una imagen invertida.

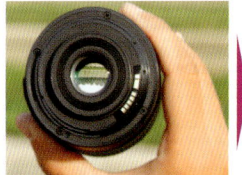 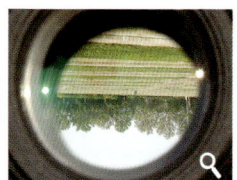

2. La imagen invertida se proyecta en un espejo (llamado *espejo principal*) que se encuentra en el interior de la cámara, y que está dispuesto a 45° respecto del plano del sensor, donde por primera vez se forma la imagen dentro de la cámara.

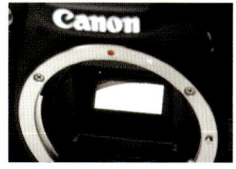

Gracias a este espejo, la imagen se voltea en vertical.

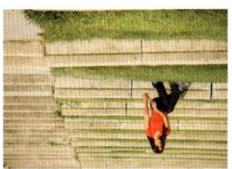 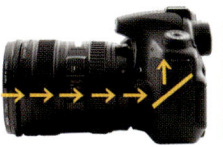 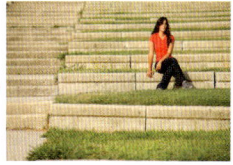

3. Por último, la imagen se proyecta en un segundo espejo alojado en la parte superior de la cámara donde se voltea en vertical para, finalmente, proyectarse en un tercer espejo enfrentado al visor, que te permite observar la imagen tal y como es en origen. Este conjunto de espejos se denomina pentaprisma.

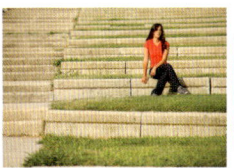 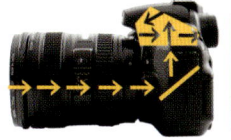 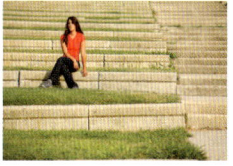

 Ten en cuenta que el único fin para el cual se ha diseñado el sistema de espejos que acabo de explicarte, es el de hacer que veas la imagen de manera correcta a través de tu visor mientras preparas la toma, puesto que durante la misma, el espejo principal (el cual es móvil) se levanta para permitir el paso de luz al sensor (registrando la imagen invertida y la voltea digitalmente). Por eso, mientras realizas la fotografía, no podrás ver a través del visor.

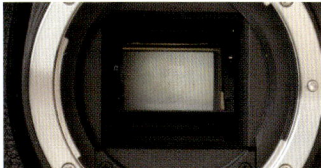 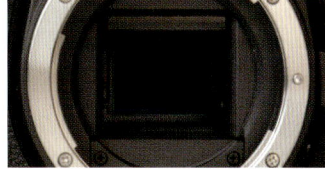

Espejo principal de la cámara   El espejo principal levantado deja ver el sensor

 Ten mucho cuidado con el espejo, y no lo toques ni lo manipules manualmente, ya que podría afectar gravemente a su funcionamiento.

Réflex vs *mirrorless*

■ LA EVOLUCIÓN DE LA CÁMARA FOTOGRÁFICA

El espejo y el pentaprisma (sistema réflex) se
han asociado a la fotografía desde prácticamente
sus inicios. Son elementos indispensables
para visualizar la escena a través de un visor
óptico antes de realizar la toma de la fotografía.
Pero ahora, las nuevas tecnologías permiten
trabajar con un sensor multidisciplinar capaz de
captar la imagen en vivo y mostrarla al usuario
mediante un visor electrónico, convirtiendo así
la visualización de la escena (momento previo a

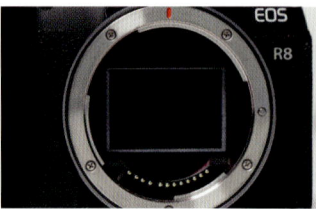

Bayoneta e interior de cámara *mirroless*.

realizar la fotografía) en un proceso 100 % digital. De momento, este sistema "sin espejo"
también conocido como *mirrorless* se asienta de forma muy activa en el mercado y va
ganando muchos adeptos día tras día.

■ ESTRUCTURA DE LA CÁMARA *MIRRORLESS*

Al no contar con espejo, se elimina del interior
de la cámara la llamada caja del espejo (donde
se alojaba el mecanismo formado por espejo
principal y pantalla de enfoque), y el conjunto del
pentaprisma se sustituye por un visor electrónico,
reduciendo así de forma considerable el tamaño
del cuerpo de la cámara. El obturador continúa
integrado dentro del sistema, tanto para realizar su
tarea principal (determinar tiempo de exposición)
como para proteger el sensor (cuando la cámara
está apagada o al realizar el cambio de lente),
aunque el sensor de la cámara también tiene

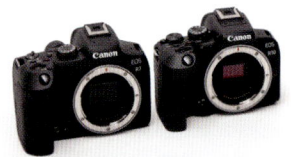

En la cámara de la izquierda se puede observar
el obturador mecánico bajado (cortinillas)
a modo de protección y en la cámara de la
derecha, sensor a la vista (uso normal).

la opción de capturar la imagen electrónicamente sin tener que depender del obturador
mecánico. Además, el propio sensor de la cámara puede encargarse de iniciar y terminar la
captura sin intervención del obturador mecánico. Por ello, cuando la exposición se controla
directamente desde la lectura del sensor, hablamos de un obturador electrónico.

La creación de la imagen en un sistema *mirrorless* es idéntica a la de un sistema
réflex en su primera etapa (cuando la luz viaja a través de las lentes), donde la imagen
se crea invertida y de ahí, pasa directamente al sensor que se encarga de voltear la
imagen y lanzar esa señal en directo al visor electrónico. Se puede considerar un
sistema más limpio a la hora de crear la imagen ya que no depende de la reflexión de
la imagen en varias superficies, sino que directamente la luz incide en el sensor y este
la interpreta para crear una previsualización y llevar a cabo todo el proceso previo al
disparo o captura de la imagen (medición, enfoque, etc).

Cabe destacar que las marcas del sector han tenido que realizar una exigente labor de diseño e ingeniería, desarrollando una nueva montura (bayoneta), una nueva gama de lentes y un adaptador para usar las lentes no *mirrorless* (lentes destinadas al sistema réflex) en cámaras *mirrorless*.

 ¿Por qué no se pueden utilizar directamente las lentes del sistema réflex en una cámara *mirrorless*? Básicamente es porque que el *back focus* ha cambiado ya que la distancia entre el plano focal (plano posterior de la lente) y el sensor ya no es la misma que en el sistema réflex al no tener espejo, lo que exige que se deba utilizar un adaptador que separe la lente del sensor a la misma distancia que lo hacía el espejo.

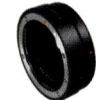

El adaptador no tiene lentes, únicamente pins de conexión.

Por tanto, si tienes objetivos del sistema réflex (EF) la compatibilidad es máxima y así lo certifican las principales marcas del sector.

■ LA IMPORTANCIA DEL SENSOR EN EL SISTEMA *MIRRORLESS*

Si antes el sensor era el corazón de la cámara, ahora este se posiciona como un elemento mucho más relevante si cabe. Los sensores de última generación se consideran *multitask* ya que pueden realizar muchas más tareas que los anteriores; por ejemplo, tienen la capacidad de medir la luz de la escena, realizar detección y seguimiento de personas, vehículos o animales, estabilizar la imagen...

El flujo a la hora de hacer fotografías también ha cambiado, sobre todo a la hora de enfocar. Ahora puedes seleccionar dentro del menú de autofoco, la opción de priorizar el enfoque o detección a personas y que, una vez que la cámara las ha detectado, se centre en enfocar al ojo. Todo este proceso se puede ver en directo a través del visor electrónico, observando cómo la cámara detecta una cara y posteriormente los ojos (la cámara utiliza recuadros para mostrarte dónde y qué está enfocando). A diferencia, en el sistema réflex, tienes que seleccionar un punto de enfoque

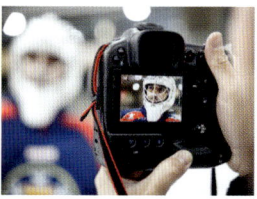

En esta imagen se puede ver cómo la cámara detecta el ojo del sujeto.

y situarlo sobre el sujeto u objeto que deseas fotografiar, por lo que no será tan eficiente y no tendrás tanta seguridad de que el enfoque va a ser 100 % efectivo.

En cuanto a la visualización de las imágenes puedes pulsar el botón *PLAY* de tu cámara y ver y ampliar la fotografía directamente en el visor (antes solamente podías ver las fotografías en la pantalla trasera de la cámara).

Aunque no todo son ventajas, al menos en los modelos de menor nivel, pues el hecho de no tener una visión directa a través del espejo, puede hacer que visualices la acción con un pequeño retardo, llamado *blackout*. Además, los visores de menor calidad todavía muestran una imagen artificial, no tan nítida o colorida como la visión directa y real de un visor réflex.

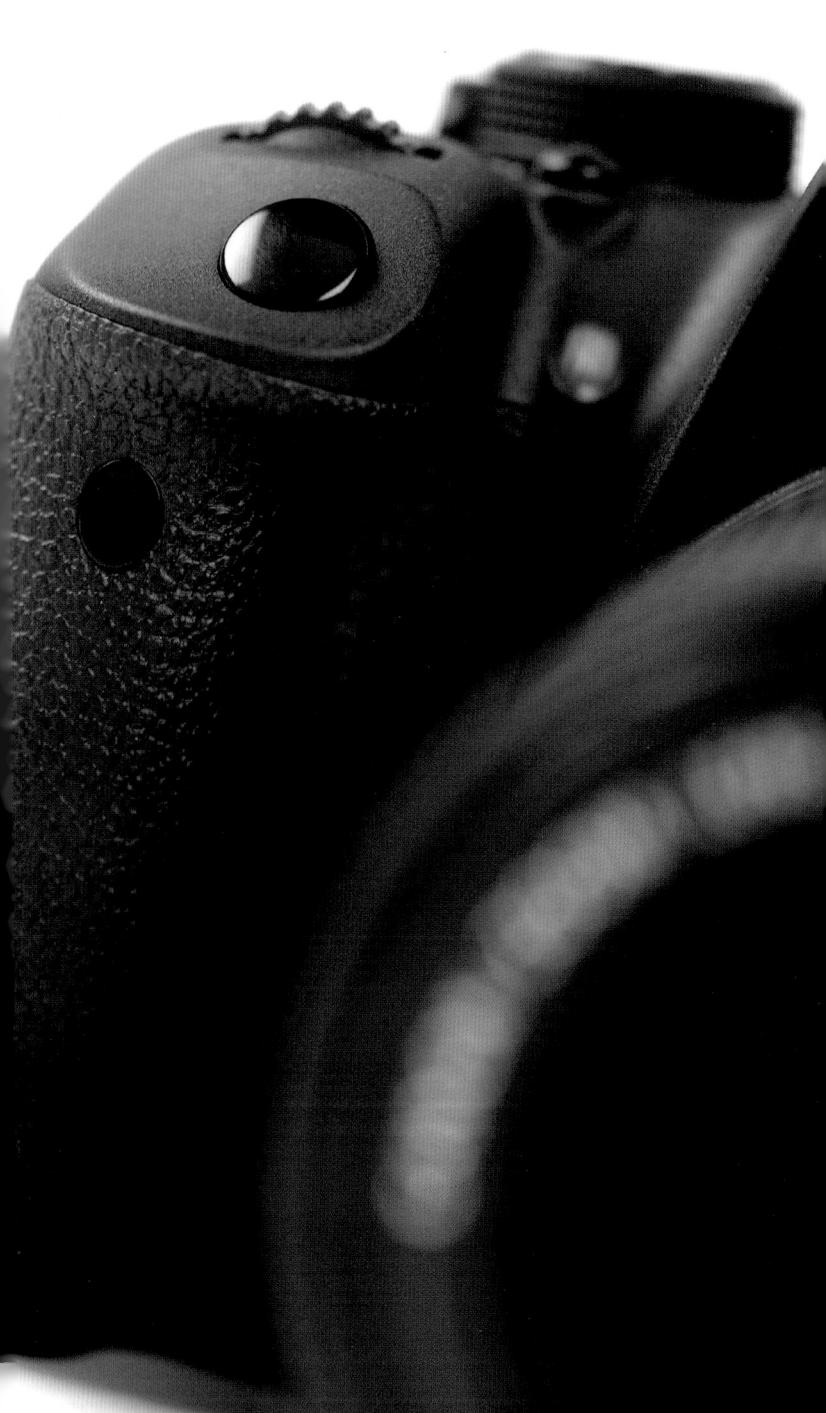

02. Partes de la cámara

Para conseguir dominar tu cámara, primero tendrás que conocer muy bien todas y cada una de las partes que la integran. A lo largo de este tema te mostraré dónde se encuentran, cuáles son sus funciones y cómo trabajan cada una de ellas.

No obstante, en los diversos contenidos que componen el libro profundizaré en las piezas de la cámara que considero más relevantes y, de las cuales, en este capítulo sólo me limitaré a hacerte una breve introducción.

Cuerpo de la cámara

Una de las partes más importantes de la cámara es el cuerpo, el cual actúa como armadura.

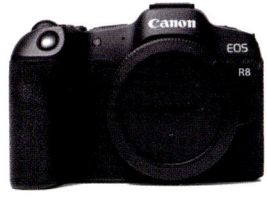

Armadura, ya que está construida en metal o poliuretano con refuerzos de plástico realizando la función de coraza, y ofreciendo gran resistencia a los golpes, al desgaste, al calor, al frío o al agua.

Además, el cuerpo de la cámara ofrece una ergonomía específica que te permitirá una correcta sujeción.

 Aunque te pueda parecer mentira, cuanto mayor sea el peso y el cuerpo, mayor estabilidad te aportará a la hora de realizar tus fotografías.

 La cámara réflex y *mirroless* de objetivos intercambiables, a diferencia de las cámaras compactas, posee una empuñadura ergonómica, con la que poder sostenerla con toda tu mano derecha.

Bayoneta

La bayoneta es el punto de unión entre el objetivo y la cámara, y está construida en metal, para evitar el desgaste que se produce por el cambio de lentes.

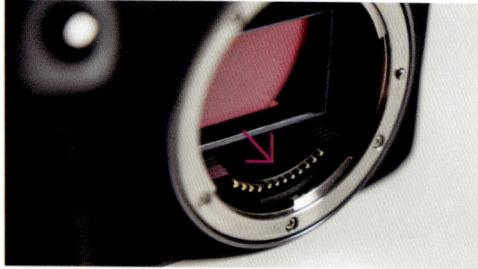

Los sistemas *mirrorless* permiten una comunicación más avanzada entre la cámara y el objetivo, por lo que suelen incorporar 12 pines de conexión en lugar de los 8 habituales en las cámaras réflex

Botón de cambio de lente

Se encuentra en la parte izquierda de la cámara (según la sostienes), y deberás pulsarlo para poder separar el objetivo de la cámara.

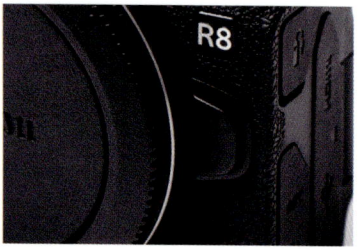
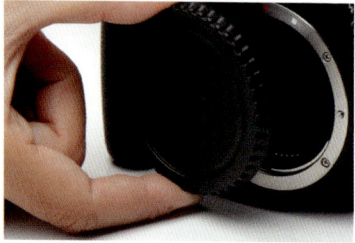

 En caso de que el cuerpo no tenga ningún objetivo, no tendrás que pulsar el botón de cambio de lente para extraer la tapa protectora.

 Si dispones de una cámara híbrida no podrás separar el objetivo de la cámara, ya que éste se encuentra integrado.

 1. Haz coincidir el punto blanco o rojo que posee el objetivo en su bayoneta, con el punto rojo o blanco de la bayoneta de la cámara.
2. Gira el objetivo hasta que oigas un clic.
3. Extrae el objetivo pulsando el botón de cambio de lente a la vez que lo giras.
4. Coloca la tapa protectora sobre el cuerpo de la cámara.

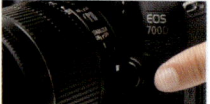
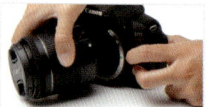
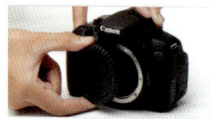

Secuencia para extraer un objetivo

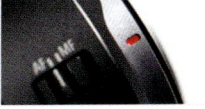

Objetivo

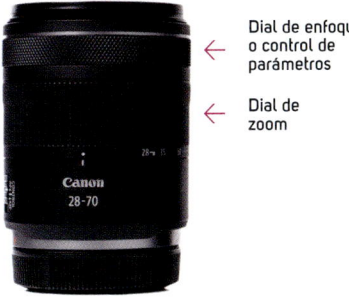

El objetivo es un dispositivo que contiene un conjunto de lentes, el sistema de enfoque y el diafragma.

→ **Dial de enfoque o control de parámetros**

→ **Dial de zoom**

Su función es la de dirigir la luz que proviene de la escena hacia un soporte fotosensible (sensor de tu cámara), y crear una imagen nítida sobre éste.

En el objetivo podrás encontrar un *dial de zoom* con el que modificar el punto de vista (acercarte o alejarte a las cosas), y un *dial de enfoque* con el cual puedes aportar o restar nitidez a las fotografías. En los objetivos RF del sistema *mirrorless* puedes configurar el anillo superior para que funcione como anillo de enfoque o como control de parámetros.

Espejo principal

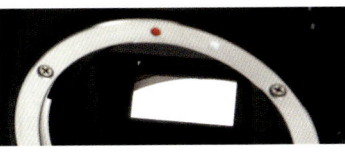

Se encuentra dispuesto en el interior de la cámara a 45º del plano del sensor, y su función es la de voltear la imagen invertida que entra por el objetivo, para que ésta pueda observarse correctamente a través del visor.

El espejo solamente lo encontrás en el sistema réflex, ya que las cámaras *mirrorless* ya no lo tienen.

Obturador

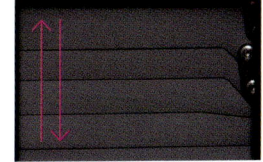

El obturador se encuentra en el interior de la cámara, y se compone de unas finas láminas dispuestas de manera horizontal, que se abren y se cierran de abajo hacia arriba, regulando el paso de luz al sensor y determinando el tiempo de exposición de la fotografía.

El obturador trabaja a partir de 1 segundo, fraccionándolo, o multiplicándolo, para conseguir el tiempo exacto deseado. A esta unidad de medida se le denomina *tiempo de exposición* o *velocidad de obturación*.

Diafragma

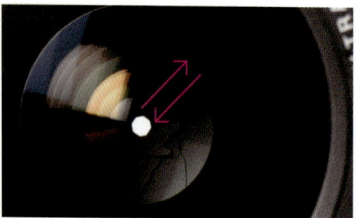

El diafragma es una réplica mecánica del iris del ojo humano, construido a partir de unas finas láminas metálicas, que se abren y cierran de dentro hacia fuera, para controlar el paso de la luz al interior del sensor durante un periodo de tiempo establecido por el obturador, en función de la iluminación que existe en la escena.

A diferencia del obturador, el diafragma se encuentra en el objetivo.

Sensor

El sensor de una cámara digital se encuentra detrás del obturador, y tiene la capacidad de captar la luz mediante unas pequeñas células fotosensibles, denominadas píxeles.

 Tienes que saber que la luz se compone de rojo, verde y azul, y es por eso que los píxeles son sensibles a estos tres colores. Para que te hagas una idea, una cámara de 12MP, tendrá 12 millones de células fotosensibles de color rojo, verde y azul.

Los sensores pueden clasificarse tanto por el número de píxeles, como por la superficie de éstos medida en mm.

■ **TIPOS DE SENSORES EN BASE A SU SUPERFICIE**
FULL FRAME
Su tamaño es de 24 mm x 36 mm (similar al tamaño de un negativo de carrete), y puede albergar hasta 36 megapíxeles. Este tipo de sensor es exclusivo de las cámaras profesionales.

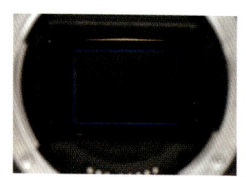

APS-C
Su tamaño es de 15 mm x 23 mm, por lo que puede albergar menor número de píxeles que un sensor *FULL frame*.

Años atrás, todas las cámaras analógicas eran *FULL frame*, sin embargo, con el nacimiento de la era digital apareció otro tipo de formato denominado *APS-c*, cuyo sensor es el que actualmente tienen todas las cámaras *amateur* del mercado, pudiendo encontrar el *FULL frame* sólo en las cámaras profesionales.

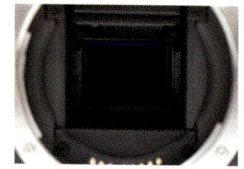

Como consecuencia del tamaño específico del sensor *APS-c*, se creó una gama de objetivos que se amoldan perfectamente a las características de éste, son los denominados objetivos *APS-c*.

Necesitarás saber que un objetivo *APS-c* no podrá ser nunca empleado en una cámara con sensor *FULL frame*, pero un objetivo *FULL frame* sí que podrá ser utilizado con una cámara de sensor *APS-c*. Aún así, ten en cuenta que si dispones de una cámara *amateur*, tu sensor será *APS*, por lo cual si compras un objetivo profesional *FULL frame*, en lugar de uno *APS-c* dedicado, tu sensor no aprovechará al 100% toda la información que recibe desde el objetivo, puesto que le llegará más luz de la que puede abarcar, y éste sufrirá un factor de multiplicación de 1,6x realizando un recorte en la imagen.

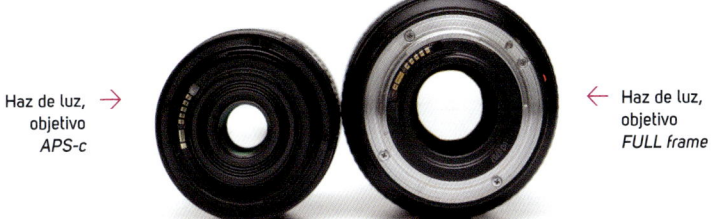

Haz de luz, objetivo *APS-c*

Haz de luz, objetivo *FULL frame*

En estas dos fotografías podrás observar el factor de multiplicación que sufre una cámara de formato *APS-c*, frente a una cámara de formato *FULL frame*.

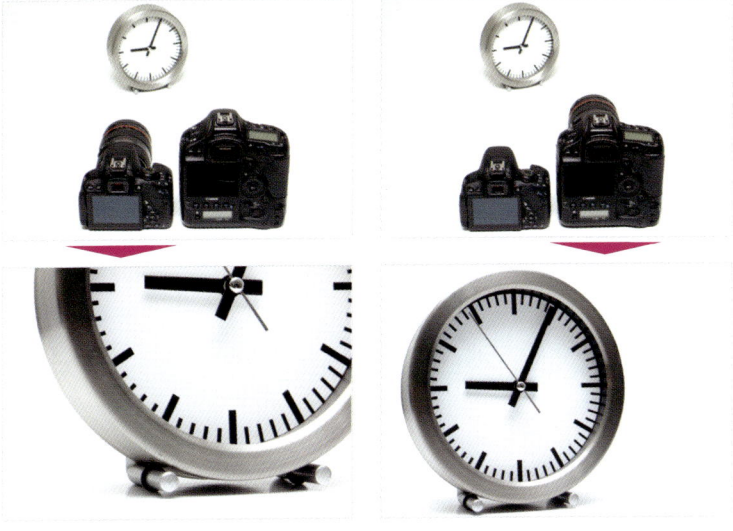

Cámara con sensor *APS-c*. Posición del zoom 70 mm con objetivo *FULL frame*

Cámara con sensor *Full Frame*. Posición del zoom 70 mm con objetivo *FULL frame*

Ten en cuenta que de igual manera que son de diferente tamaño los sensores de estas cámaras, lo son también los espejos.

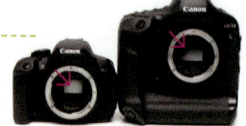

Ocular del visor

Para poder observar cómodamente las fotografías a través del visor de la cámara, éste porta un ocular ergonómico sobre el cual poder apoyar el ojo.

Presta especial cuidado al extraer el ocular para limpiar el visor, ya que presenta unas patillas que son muy frágiles y se rompen con facilidad.

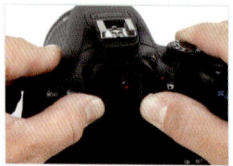
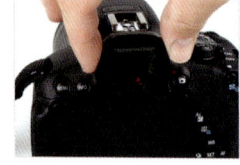
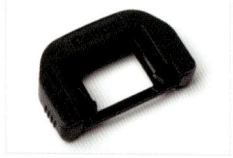

Tapa de largas exposiciones

En la correa, podrás encontrar una pequeña pieza de plástico con la que poder tapar el visor de tu cámara cuando realices fotografías nocturnas, y no quieras que la luz que pudiera existir detrás de ti afecte a tu fotografía llegando al sensor a través del visor.

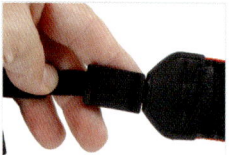
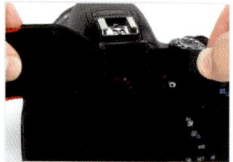
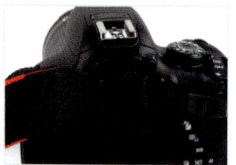

Dial de corrección dióptrica

En caso de utilizar gafas o lentillas, con el dial de corrección dióptrica podrás compensar hasta una dioptría y media, que se añadirá en tu visor y te ofrecerá una corrección equiparable a tus gafas de ver habituales.

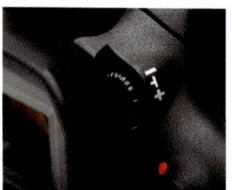
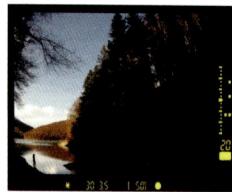
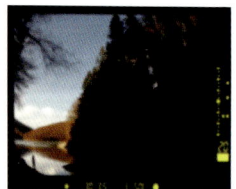

Para ajustarlo correctamente, tendrás que mover el dial hasta ver, totalmente nítidos, tanto la imagen, como los parámetros que aparecen en el interior del visor.

Dial de programas

Mediante este dial, podrás seleccionar el programa de exposición que más se ajuste a tus necesidades en cada momento, pudiendo encontrar el *programa manual M*, en el cual tú controlas todos los parámetros de exposición, y también los *programas semiautomáticos*, donde la cámara te ayudará a conseguir una correcta exposición, definiendo de manera automática algunos de los parámetros.

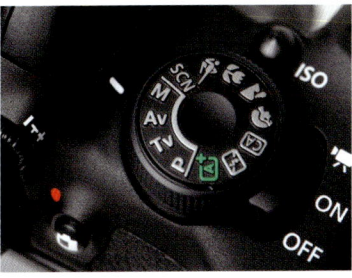

Modo de grabación de vídeo y micrófono

La grabación de vídeo es, hoy en día, una función incondicional en cualquier cámara réflex de última generación, por ello, podrás encontrar los botones necesarios para iniciar o interrumpir la grabación de video, así como un micrófono para grabar el sonido de manera simultánea a la imagen.

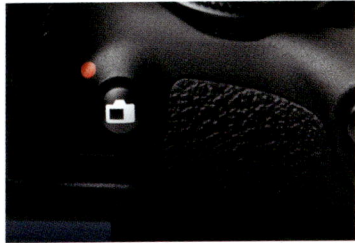

Botón de inicio de grabación

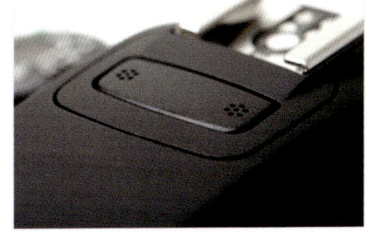

Micrófono de cámara

Flash incorporado

El flash de cámara es una fuente de iluminación que genera un destello de luz instantáneo, con una potencia limitada, capaz

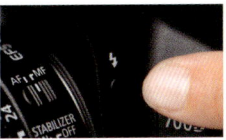

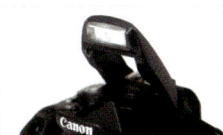

de alumbrar una escena, motivo, o sujeto al realizar una fotografía. Se encuentra en la parte superior de la cámara, y se activa a través de un botón, cuyo icono es un rayo.

El flash de cámara no es muy potente (ya que su pequeña lámpara se alimenta de la propia batería de la cámara), y los usos más frecuentes del mismo son los siguientes:

- Flash de relleno: Eliminación de las sombras producidas por el sol.
- Flash de relleno: Iluminación a contraluz.
- Flash como luz principal: Iluminación de una escena en interior.

Zapata de flash

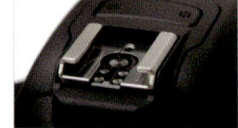

Encima del *flash incorporado* se sitúa una zapata de flash, sobre la que poder fijar a la cámara un flash de mayor potencia y de cabezal móvil.

 Ten en cuenta que no todas las marcas utilizan la misma zapata de conexión, por lo que si decides adquirir otro flash, tendrás que asegurarte de que éste sea *compatible* para la marca de tu cámara.

Pantalla LCD trasera

Se encuentra integrada en el cuerpo de la cámara, y mediante ella podrás acceder a los menús y a la mayor parte de parámetros o funciones de que dispone.

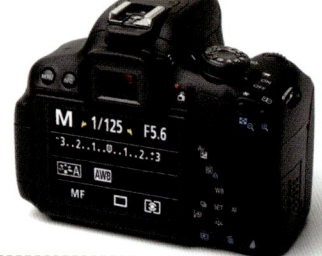

 Cada vez son más las cámaras réflex que presentan pantallas extraíbles y táctiles, en lugar de las habituales integradas.

Botones de funciones

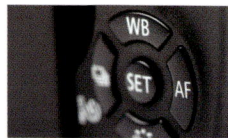

Se localizan en la parte posterior de la cámara, y pulsándolos se accede directamente a las funciones más importantes o frecuentes, con las cuales te irás familiarizando a lo largo de los diferentes capítulos del libro.

Tarjetas de memoria

Las tarjetas de memoria sirven para que la cámara digital, almacene en ellas todas las fotografías producidas durante la toma. Dichas tarjetas se encuentran alojadas en

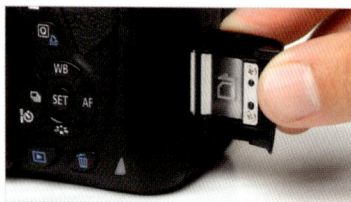

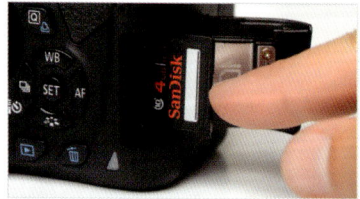

un compartimento del lateral derecho de la cámara, el cual dispone de un botón que tendrás que pulsar en caso de que querer extraerla.

 Al insertar la tarjeta en la cámara, cerciórate de que lo haces en la posición correcta (ésta suele estar indicada mediante una ilustración en la propia tapa) porque, de no hacerlo, podría sufrir daños.

A continuación te muestro una fotografía del modelo de tarjeta más extendido entre las cámaras *amateur*, el *formato SD*. Este tipo de tarjetas realizan la comunicación con la cámara a través de unos conectores localizados en su parte posterior, y disponen de un botón de bloqueo para no permitir grabar o borrar las imágenes.

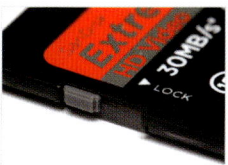

Batería de alimentación

La batería de alimentación se introduce por la parte inferior de la cámara, en el sentido indicado por la flecha que tiene inscrita.

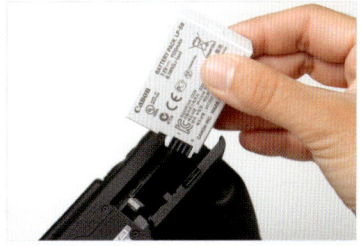 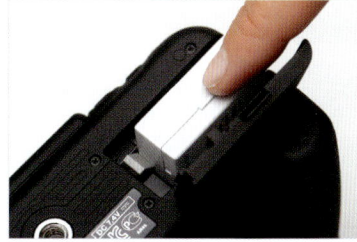

Para no llevarte sorpresas indeseadas te recomiendo que compruebes el nivel de la batería antes de salir, y que la recargues después de usarla.

No obstante, te aconsejo adquirir una batería de repuesto, sobre todo si vas a grabar vídeo, o a realizar fotografías con largas exposiciones, porque la batería sufrirá más desgaste de lo normal.

 Podrás comprobar el nivel de carga de la batería, consultando el indicador de batería que aparece en la pantalla LCD.

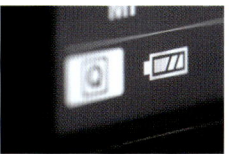

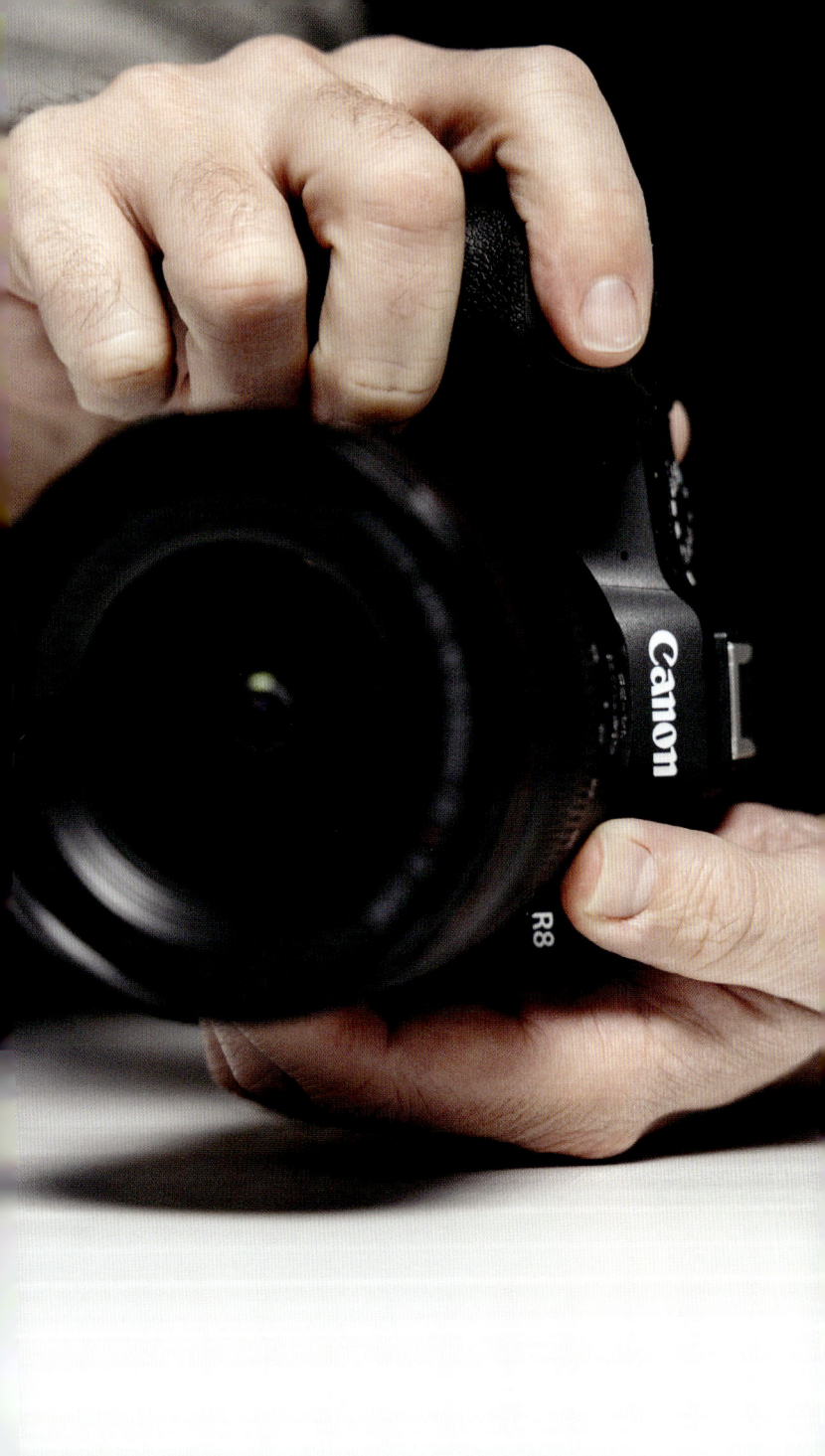

03. Sujeción, apoyo y transporte de cámara

Sujeción de cámara

Es fundamental que, desde el principio, aprendas a sujetar correctamente tu cámara, porque de no sostenerla bien durante la toma, corres el riesgo de que tus fotografías presenten un efecto poco deseado, y conocido como *trepidación*. La trepidación es el efecto por el cual las imágenes se aprecian movidas.

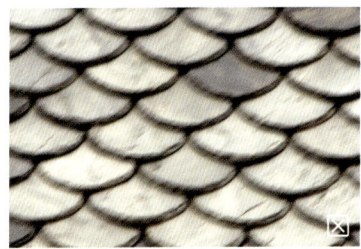 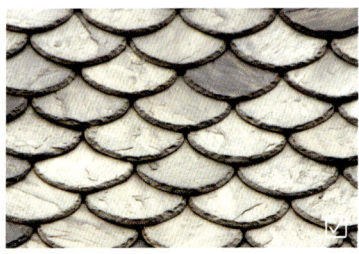

Por lo tanto, te mostraré cómo realizar una correcta sujección de tu cámara:

■ **EN HORIZONTAL**

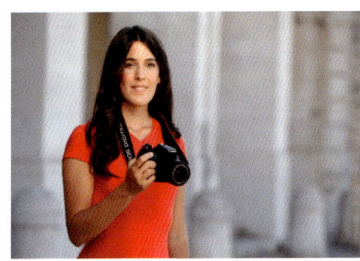 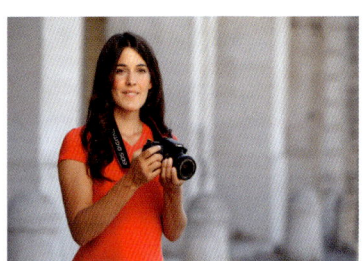

1. Coloca tu mano derecha en la empuñadura de la cámara situando tu dedo índice sobre el botón de disparo.

2. Sitúa tu mano izquierda por debajo del objetivo.

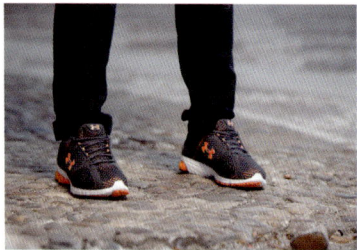

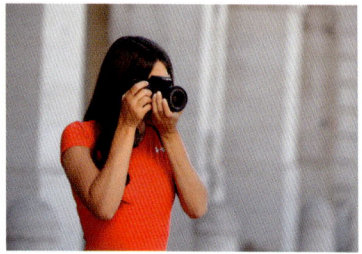

3. Posiciona tus piernas a la anchura de los hombros para obtener mayor estabilidad.

4. Acerca la cámara hacia tu cara, y observa a través del visor.

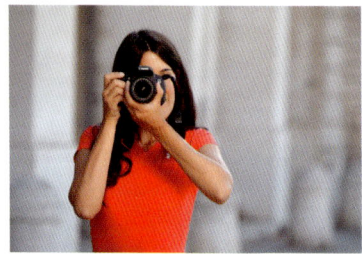

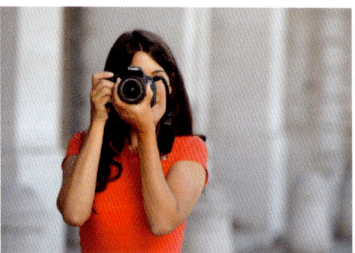

5. En caso de necesitar mayor estabilidad, puedes obtenerla colocando tu codo izquierdo sobre el torso.

 Un error muy común es colocar la mano izquierda por encima del objetivo. Esta acción errónea, 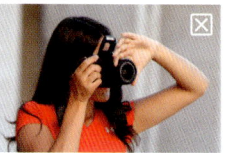 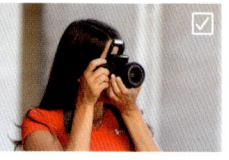 puede afectar seriamente a tu toma, ya que puedes perder estabilidad, además de tapar el flash de la cámara (en caso de tenerlo activado) impidiendo de este modo que llegue la luz del mismo al motivo a fotografiar.

■ **EN VERTICAL**

1. Coloca tu mano derecha en la empuñadura de la cámara situando tu dedo índice sobre el botón de disparo.

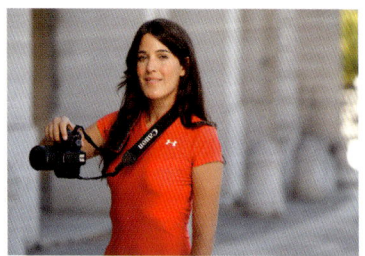

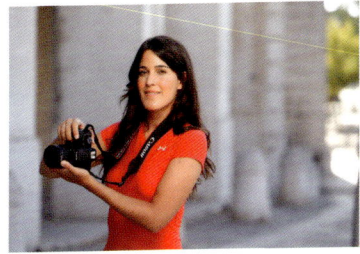

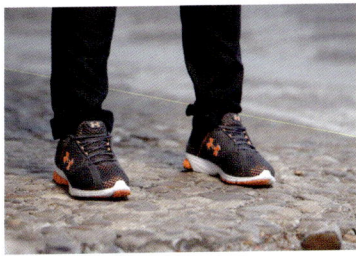

2. Sitúa tu mano izquierda por debajo del objetivo.

3. Posiciona tus piernas a la anchura de los hombros para obtener mayor estabilidad.

4. Coloca la cámara en la cara, y observa a través del visor.

5. En caso de necesitar mayor estabilidad, puedes obtenerla colocando tu codo izquierdo sobre el torso.

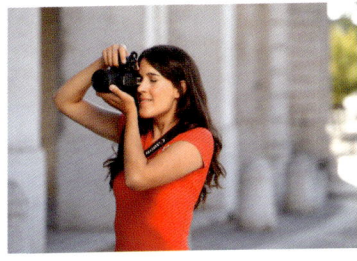

En la toma vertical ocurre lo mismo que en la horizontal: colocar la mano izquierda por encima

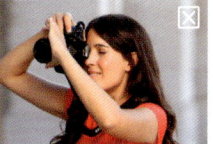

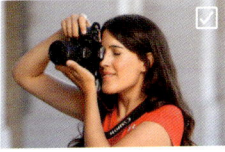

del objetivo puede afectar gravemente al resultado, ya que la pérdida de estabilidad y la ocultación del flash serán motivos suficientes para obtener un efecto no deseado.

Si la fotografía que vas a realizar requiere una velocidad de 1/30s, 1/15s o 1/10s (velocidades lentas, que veremos en el capítulo de obturación), y no dispones de un trípode, te recomiendo contener la respiración en el momento de disparar, porque un simple hecho como éste, puede evitar el movimiento en

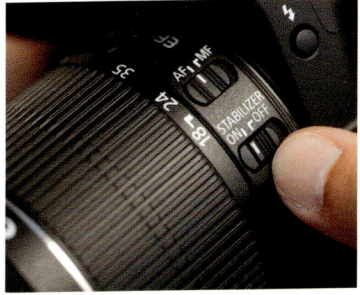

tu fotografía. También es conveniente que en caso de disponer de esta opción, actives el estabilizador de imagen de tu objetivo (aunque de esto hablaremos más adelante, me parece conveniente mencionarlo ahora), ya que evitará algo de vibración.

Transporte de cámara con correa

Es importante analizar el uso correcto de la correa y el transporte de la cámara cuando no la lleves dentro de una mochila (el transporte del equipo lo podrás ver con detalle en el tema 16). Para ello, lo primero que tendrás que hacer será colocar la correa en tu cámara ajustándola de tal modo que, al llevarla colgada del cuello, no quede ni muy corta ni muy suelta.

▪ ENROLLADA EN LA MANO

Si lo que te apetece es llevar todo el tiempo la cámara en la mano, para no perder detalle cuando estás haciendo turismo por una ciudad o te encuentras en un lugar interesante, te recomiendo enrollar la correa a tu brazo derecho mediante un par de vueltas. De esta manera, la cámara irá todo el tiempo segura, y en caso de que se te suelte de la mano, se quedará suspendida en al aire gracias a la correa.

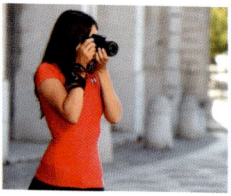
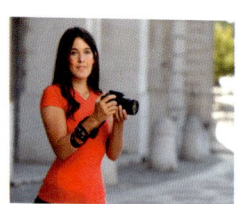
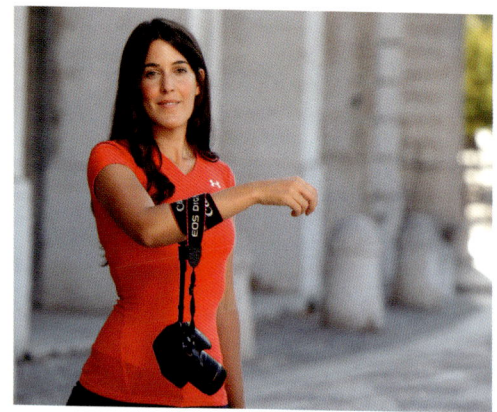

▪ DE BANDOLERA

Cuando quieras llevar la cámara contigo pero no específicamente en la mano, te aconsejo que la lleves en forma de bandolera, porque de esta manera no te molestará tanto como si la llevaras colgando sobre el pecho (donde al tener más libertad de movimiento te estaría golpeando al andar). Además, de esta manera tu

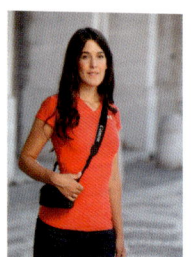
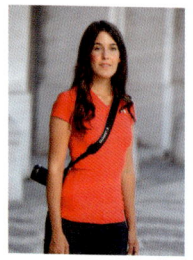

cámara podrá pasar más desapercibida, ya que podrás colocar tu brazo sobre ella en el caso de que te encuentres en un lugar no muy seguro.

Apoyo de cámara en trípode

Siempre que al realizar la toma tengas que utilizar velocidades lentas (inferiores a 1/30s), deberás usar un trípode para apoyar tu cámara, ya que con estas velocidades, el pulso afecta gravemente a tu fotografía, y el resultado no será aceptable.

Por ello a continuación te presento el trípode, sus características y uso.

Un trípode es un accesorio fotográfico constituido por tres patas, que se utiliza para apoyar la cámara durante largas exposiciones, evitando de esta forma las posibles vibraciones que genere tu propio pulso.

Los trípodes pueden ser de diferentes alturas, factor que deberás tener en cuenta a la hora de su compra. En general la altura del trípode tendrá que estar en proporción a la tuya propia, porque lo ideal es que cuando esté desplegado, la cámara se encuentre a la altura de tus ojos, facilitando de este modo la toma (imagínate lo incómodo que te sentirías haciendo las fotografías de puntillas o agachado).

■ **PARTES DEL TRÍPODE**

PATAS
El trípode consta de tres patas construidas a partir de materiales resistentes y ligeros, como pueden ser el aluminio, el carbono o el titanio. Dichas patas se caracterizan por ser telescópicas, es decir, que están constituidas por extensiones que posibilitan modificar su altura. Al final de dichas extensiones se encuentran los cierres, lo cuales permiten desplegar el trípode en mayor o menor medida (para que te hagas una idea, la pata cerrada puede medir 30 cm, mientras que estirada con todas sus extensiones abiertas, puede llegar a medir más de 1,50 m).

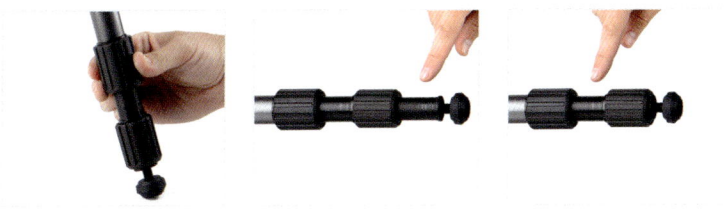

Te recomiendo que a la hora de desplegar el trípode, primero abras las extensiones superiores (por su estabilidad y robustez), y dejes las inferiores como última opción.

En la parte inferior de las patas podrás encontrar dos elementos que ayudan al trípode a fijarse mejor al terreno sobre el que se encuentra:

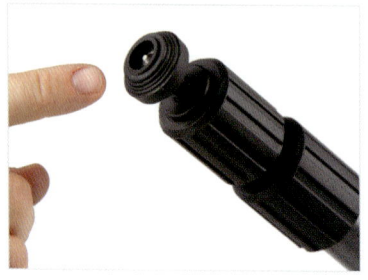

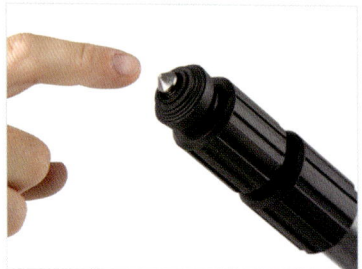

1. Pieza de goma, que se utiliza para realizar fotografías en las que tengas que colocar el trípode sobre suelo deslizante (gres, tarima, asfalto, mármol, etc.).

2. Pieza metálica terminada en punta, empleada para ofrecer al trípode mayor adherencia en suelos más conflictivos como por ejemplo hierba o arena, quedando clavado a la superficie y ofreciendo gran estabilidad.

RÓTULA

La rótula se localiza en la parte superior del trípode, y gira tanto en horizontal como en vertical, permitiendo modificar el punto de vista de la cámara que se encuentra sobre ella.

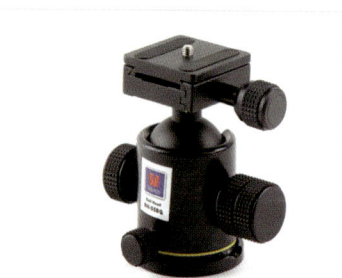

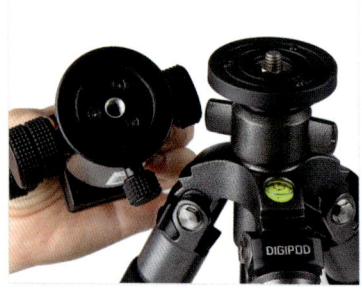

Los movimientos horizontales permiten girar la cámara de izquierda a derecha, mientras que los verticales, te posibilitarán desplazarla de arriba abajo. La rótula consta de una o dos manivelas que se liberan para facilitar dichos movimientos y se fijan para bloquearlos una vez la cámara está posicionada.

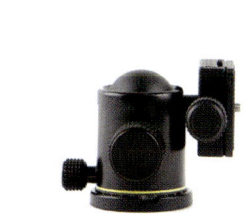 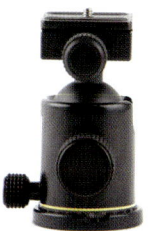

 Existe un tipo de rótula llamada rótula de bola, donde con una sola manivela se realizan tanto los movimientos horizontales como los verticales.

Puedes encontrar en el mercado rótulas desmontables o fijas. Las desmontables son aquellas independientes al trípode, y las fijas no se pueden separar de él.

ZAPATA

La zapata se emplea para fijar la cámara al trípode. Su forma es rectangular o hexagonal, y suele estar construida de metal o plástico (es recomendable que ésta sea de metal, ya que ofrecerá mayor seguridad a la unión entre cámara y trípode).

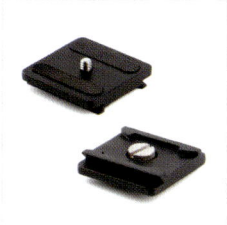 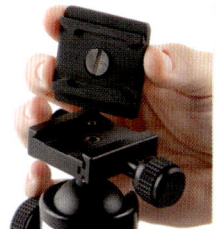 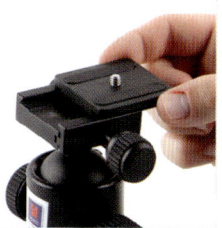

Pasos para colocar la zapata en la cámara y anclarla al trípode:

1. Lo primero que tendrás que hacer, será colocar la zapata en la cámara, roscando el tornillo macho que porta aquella, en la parte inferior de la cámara donde se encuentre la rosca hembra.

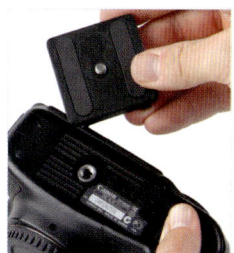 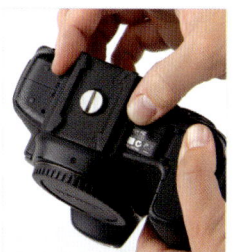 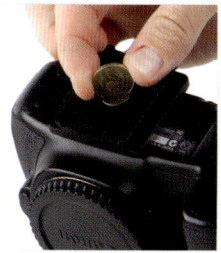

2. Una vez fijada la zapata a la cámara, colócala en el trípode situando la zapata sobre la rótula y apretando hasta oír un clic. Es muy importante que te asegures de que la cámara esté bien anclada antes de soltarla, ya que una caída desde esta altura puede afectarla seriamente.

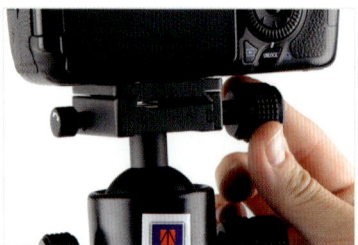

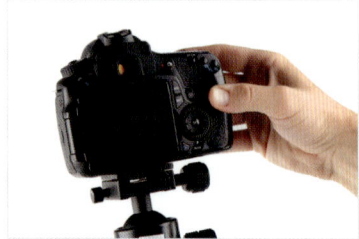

NIVEL

El nivel se encuentra ubicado en la rótula, y éste te ayudará a equilibrar la cámara, evitando que las tomas queden torcidas. El uso del nivel es especialmente recomendable en fotografías de paisaje donde aparece el horizonte, porque es fácil que éste pueda quedar un poco ladeado.

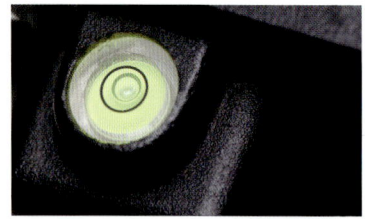

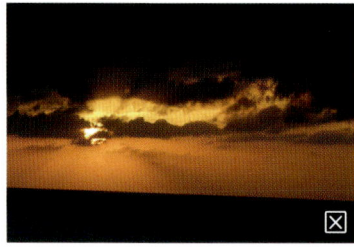

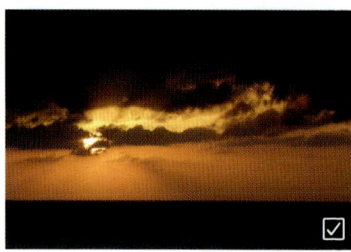

EXTENSIÓN CENTRAL

Muchos trípodes poseen una extensión central, que puedes usar cuando las patas estén completamente extendidas y necesites ganar aún más altura. El resultado no es muy estable, por lo que te recomiendo desplegar al máximo las extensiones de las patas, y extender la central sólo cuando sea necesario.

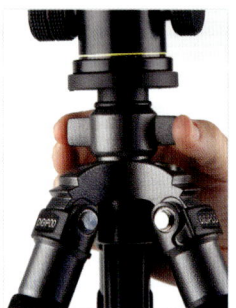

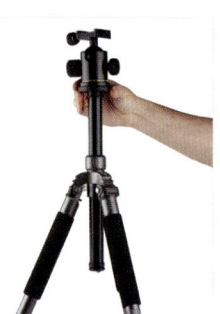

GANCHO DE ESTABILIDAD

Son muchos los trípodes que poseen un gancho central cuya función no es otra que la de aportar a éste una mayor estabilidad colgando un peso sobre él (como puede ser la funda de tu cámara). Si en tu caso el trípode no trae este accesorio, puedes colgar la mochila de la propia rótula, aunque el peso no estará tan compensado.

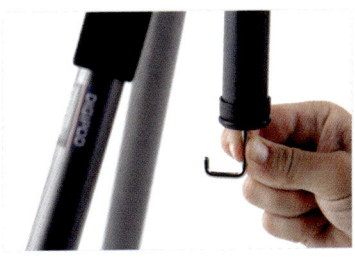 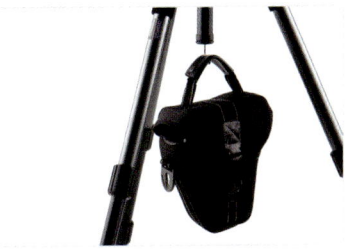

■ APOYOS ALTERNATIVOS

En el caso de que quisieras realizar una fotografía con trípode y no lo lleves contigo, te ánimo a que busques alternativas analizando el lugar, y observando posibles apoyos para tu cámara. Quizá el punto de vista no sea el que buscabas al 100%, pero por lo menos te llevarás a casa la fotografía. A continuación te muestro algunos de los ejemplos de apoyos alternativos que podrás encontrar:

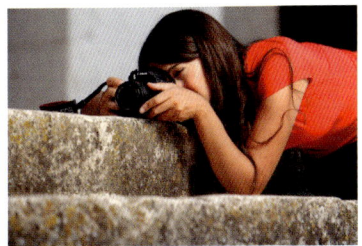 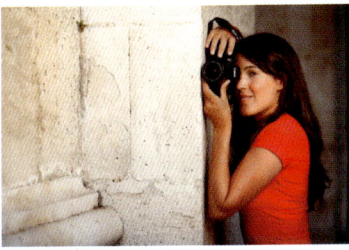

Bordillo o escaleras   Pared

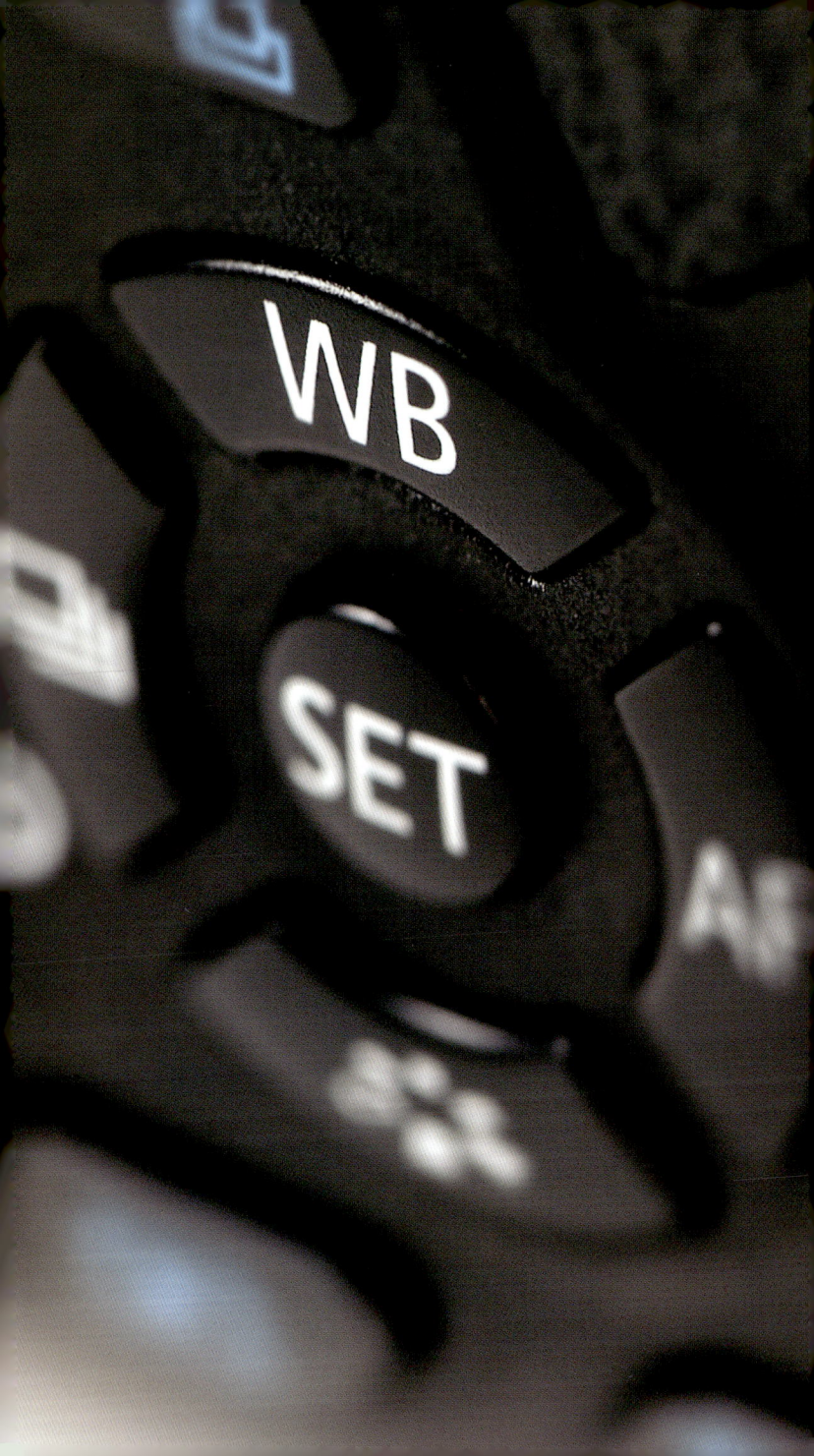

04. Fuentes de luz
y balance de blancos

Fuentes de luz

Para poder explicarte el balance de blancos, es necesario que previamente conozcas cuáles son las fuentes de luz con las que iluminarás tus fotografías.

La temperatura de estas fuentes de luz (también llamada *temperatura de color*) se mide en kelvin, y su nomenclatura es la K.

- Cuanto mayor sea el número kelvin, más azulada será la luz.
- Cuanto menor sea el número kelvin más rojiza será la luz.

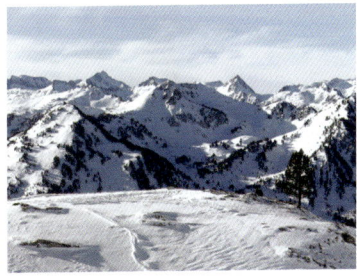

La temperatura de color en lo alto de una montaña es de 11.000K

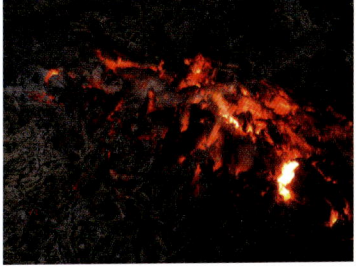

En una hoguera, la temperatura de color es de 2.000K (siendo ésta la situación más rojiza)

■ TIPOS DE FUENTES DE LUZ
LUZ DE DÍA

El sol se caracteriza por ser una fuente de iluminación que varía su temperatura de color dependiendo de la hora del día en la que se encuentre, siendo ésta más rojiza en las primeras y últimas horas del día (amanecer o atardecer) y más azulada en las horas centrales.

A primera hora de la mañana o última de la tarde, el sol posee una temperatura de color de 3.500K, mientras que al mediodía, su tonalidad azulada tiene una temperatura de color de 5.500K.

LUZ DE TUNGSTENO O DE INTERIOR

Es una fuente de luz que posee un filamento incandescente con una tonalidad cálida muy parecida a la de las bombillas de toda la vida. Para que te hagas una idea de esta similitud tonal, el tungsteno tiene 3.200K, y una bombilla casera 2.800K.

LUZ DE FLUORESCENTE

Seguro que este tipo de luz te resulta muy familiar, ya que suele iluminar los lugares de trabajo o los centros comerciales. Puede tener varias tonalidades frías o cálidas, dependiendo del vidrio que porte, y con independencia de su temperatura se caracteriza por tener una dominante verdosa.

LUZ DE FLASH

La luz de flash es fría y azulada, y se diferencia del resto en que no es continua, pues sólo dura un instante. Tiene una similitud con la luz de día, y es que ambas poseen la misma temperatura de color (5.500K), por lo que esta semejanza hace del flash un complemento de iluminación indispensable cuando se fotografía a pleno sol.

Balance de blancos

Tal y como acabamos de explicar, cada fuente de luz tiene una temperatura de color determinada (una tonalidad más azulada o rojiza), que normalmente no estamos acostumbrados a ver en su totalidad, puesto que el ojo humano ajusta la percepción del blanco con independencia del color de la fuente de iluminación.

A diferencia de nuestro ojo, la cámara es totalmente objetiva, e interpreta las luces tal y como son sus dominantes (azuladas o rojizas). Por ello está la función del balance de blancos en las cámaras, para aportar azul o rojo a la luz que exista en el ambiente,

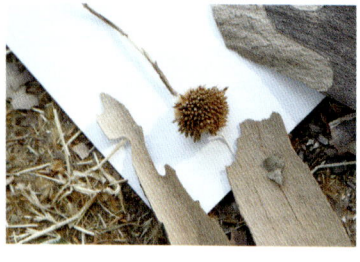
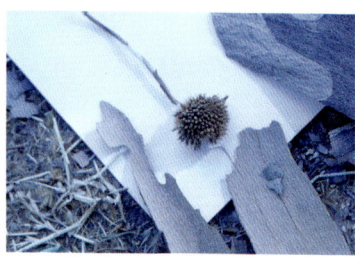
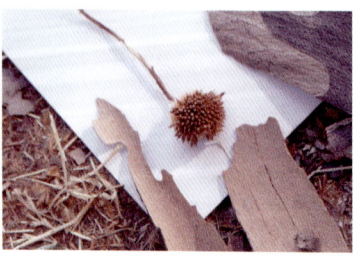
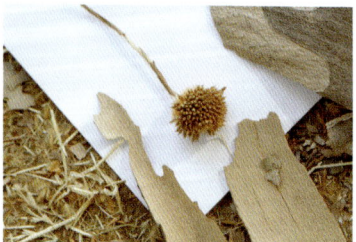

Fuentes de luz y balance de blancos

y conseguir que el blanco sea blanco (el blanco es el patrón sobre el cual la cámara posee una referencia).

La cámara tiene varios balances predeterminados que puedes elegir dependiendo de la situación de luz en la que te encuentres, así como una posición automática, por si te resulta difícil reconocer la temperatura de la fuente de luz de la escena a fotografiar.

■ TIPOS DE BALANCES DE BLANCOS PREDETERMINADOS
BALANCE DE LUZ DE DÍA

Cuando fotografíes a plena luz del día, tendrás que seleccionar el icono *sol* del *balance de blancos* de tu cámara. Como vimos

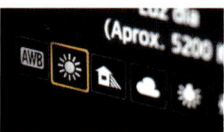 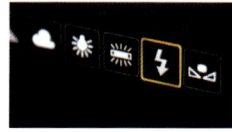

anteriormente, el sol y el flash poseen la misma temperatura de color (5.500K), por lo que en esta situación también podrás usar el balance *flash*.

Al aplicar el balance *luz de día*, lo que se hace es aportar rojo a una situación azulada, para que de esta forma el blanco sea blanco, puesto que si no, el blanco sería azul.

BALANCE NUBLADO O SOMBRA

Utiliza este balance cuando el cielo esté nublado, o cuando vayas a realizar fotografías en la sombra de un edificio o montaña. Dichas situaciones son muy azuladas y frías, por lo cual, para que el blanco sea blanco y no azulado, tendrás que aportar rojo a la imagen, seleccionando el balance *nublado o sombra*.

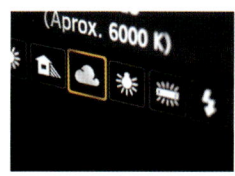

 Potencia los amaneceres o atardeceres utilizando un balance *nublado* en lugar de un balance *luz de día*. De este modo, al estar aportando rojo a una situación que de por sí ya es rojiza, se intensificarán más los rojos de la escena, quedando una fotografía aún más cálida y llamativa.

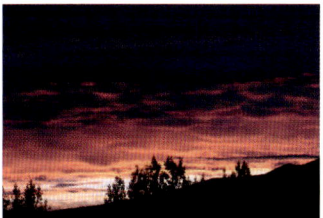 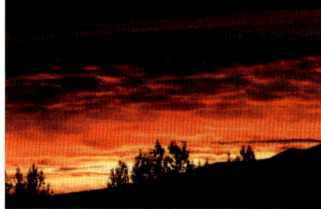

Balance luz de día   Balance nublado

BALANCE DE LUZ DE INTERIOR
Cuando realices fotografías en interiores iluminados con bombillas, tendrás que utilizar el balance de *luz interior*, el cual aparece representado mediante el icono de

una bombilla encendida. La situación de luz que genera la bombilla de interior es rojiza, por lo que la cámara tendrá que aportar azul para conseguir que el blanco sea blanco.

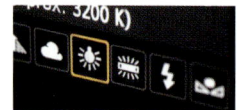

BALANCE LUZ DE FLUORESCENTE

Es recomendable usar el balance *fluorescente* siempre que fotografíes con esta iluminación, ya que no solo corregirás la dominante azulada o rojiza, sino que también eliminarás la dominante verdosa tan característica de este tipo de fuente de luz.

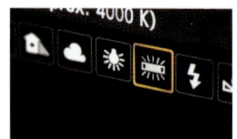

BALANCE DE BLANCOS AUTOMÁTICO

Selecciona este tipo de balance cuando no reconozcas la fuente de iluminación, ya que de manera automática, la cámara elegirá el balance correcto, evitando de esta forma que tus fotografías presenten dominantes.

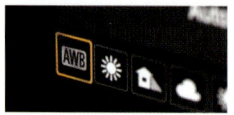

BALANCE DE BLANCOS PERSONALIZADO

Podrás personalizar el balance de blancos manualmente, ofreciéndole a la cámara una muestra del blanco que elijas como modelo. Para ello tendrás que fotografiar una

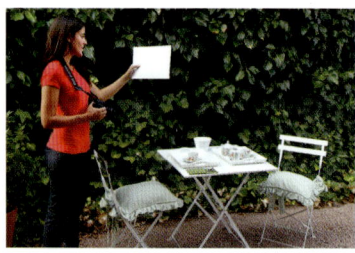
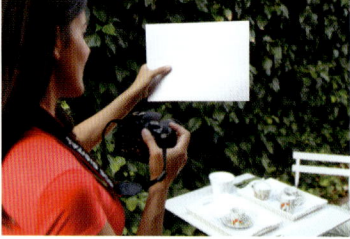

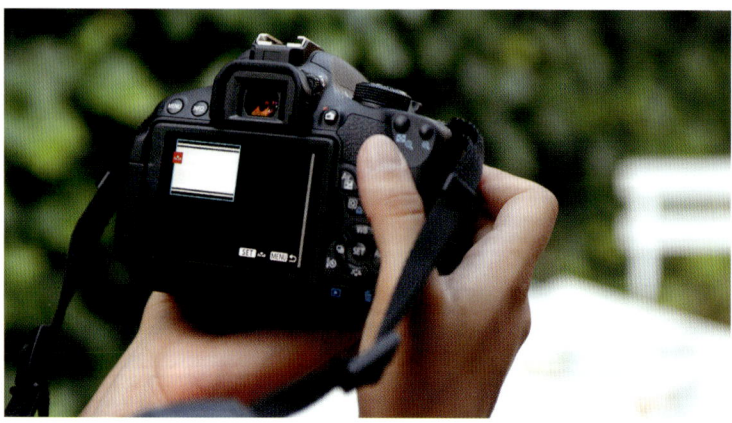

superficie blanca y asignarla como patrón de blanco en tu cámara. De este modo, la cámara interpretará que ese es el blanco que quieres conseguir, y aplicará los rojos o azulados necesarios para compensar en todas las fotografías en las que selecciones este balance.

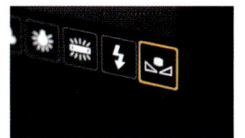

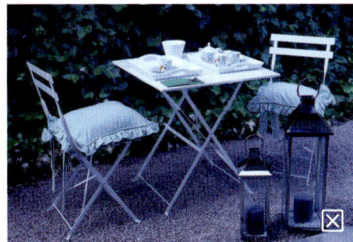

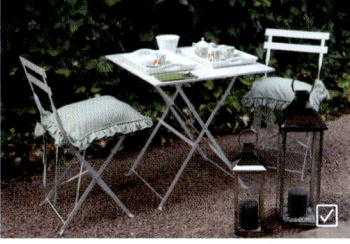

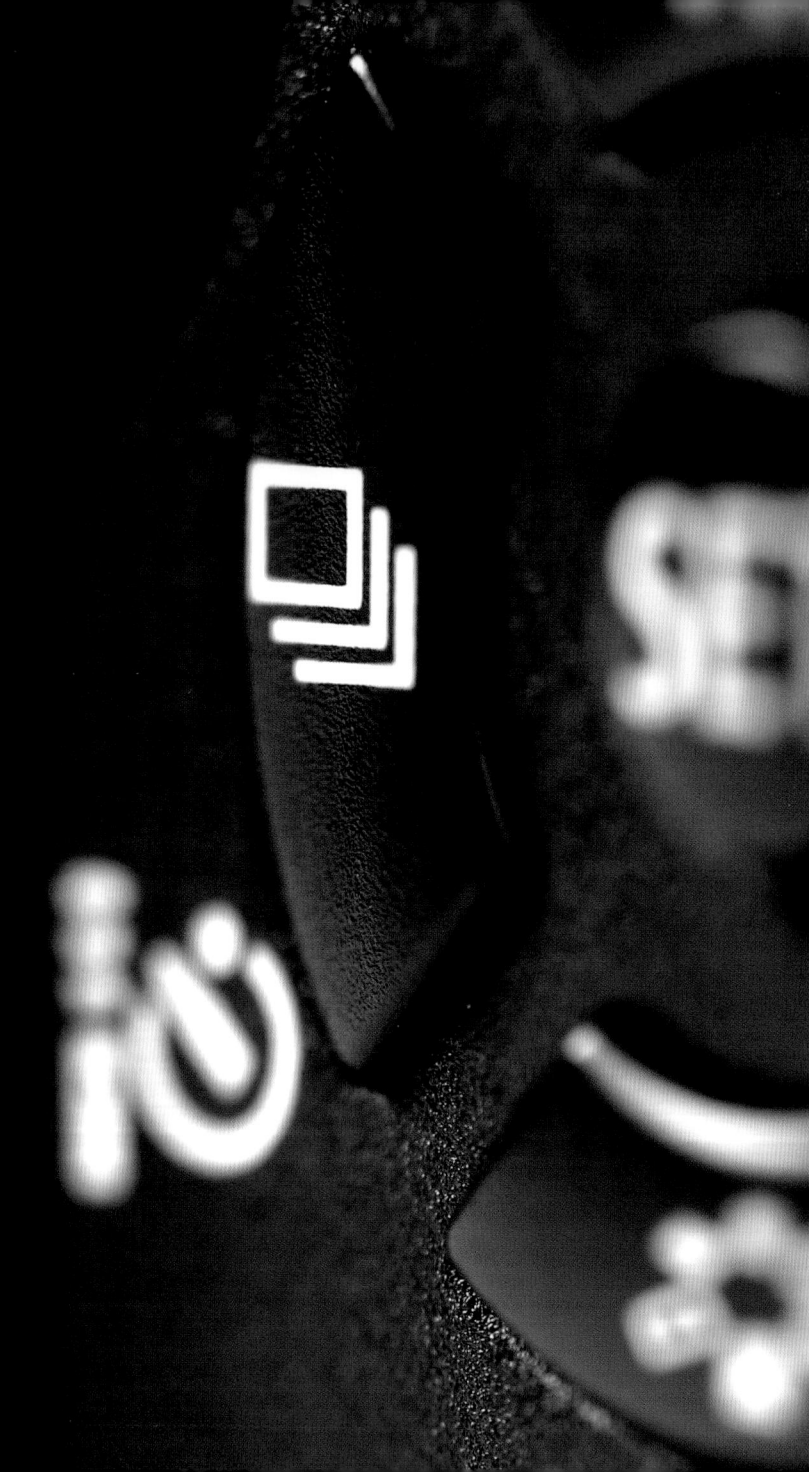

05. Modos de disparo

El *modo de disparo* es una función de la cámara que te permite realizar tus fotografías según la opción que elijas: de una en una (un solo disparo al pulsar el botón), en ráfaga (varios disparos seguidos mientras que tu dedo permanezca sobre el botón) o tiempo después de haber pulsado el botón (disparo con temporizador).

Disparo único

Cuando selecciones este modo en tu cámara, solo se realizará una fotografía por cada vez que pulses el botón de disparo. Encontrarás el icono de *disparo único* representado por un rectángulo.

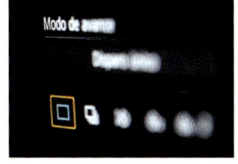

■ **APLICACIÓN**

Esta opción de disparo es la más utilizada, y la podrás emplear en cualquier situación que no requiera captar un movimiento o acción que necesite ser registrada en varias fotografías. Por lo tanto, el *disparo único* será sin duda el modo a seleccionar en fotografías como las de retrato o paisaje.

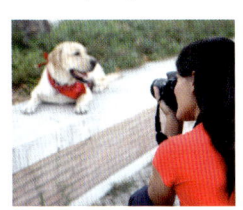

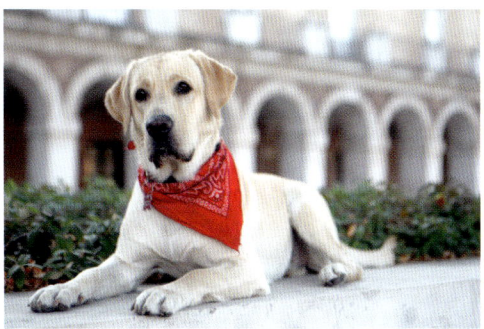

Disparo en ráfaga

Una vez seleccionado el modo *disparo en ráfaga*, tendrás que presionar el botón de disparo y mantenerlo pulsado hasta que quieras dejar de tomar fotografías. El número de ellas que realices por segundo, dependerá del modelo de cámara y del nivel de

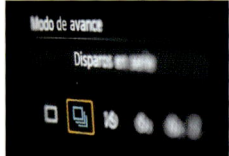

batería de la misma. Para que te hagas una idea, el promedio de fotografías por segundo que es capaz de realizar una cámara *amateur*, es de 3. Por lo tanto, si mantienes pulsado el botón de disparo durante 2 segundos, tu cámara podrá realizar hasta 6 fotografías seguidas.

Por último, indicarte que el disparo en ráfaga lo encontrarás representado por tres rectángulos.

■ **APLICACIÓN**

Esta opción de disparo, te será de gran utilidad a la hora de realizar fotografía deportiva y de acción, donde gracias a la gran cantidad de tomas que podrás disparar, te permitirá captar con un amplio detalle el movimiento o secuencia que desees.

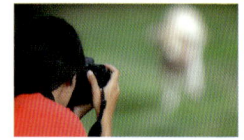

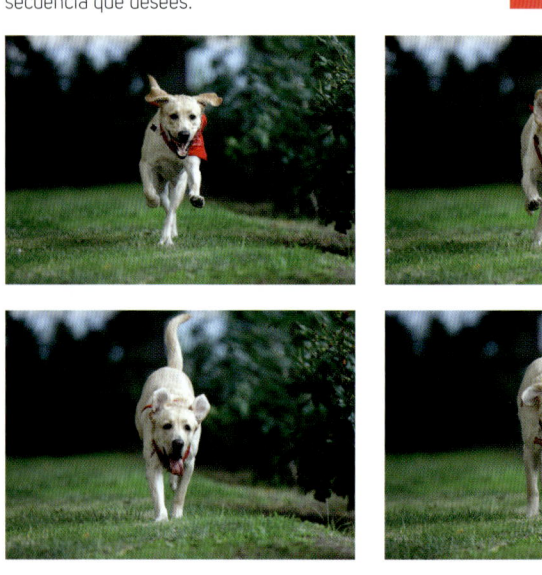

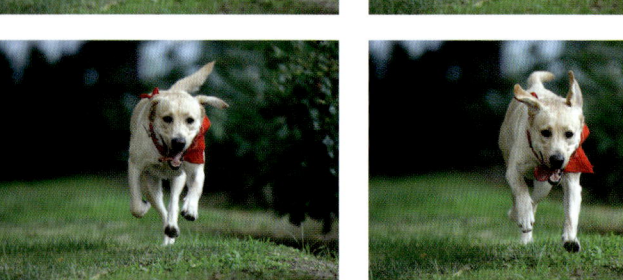

Ten en cuenta que al trabajar en ráfaga, consumirás mucha tarjeta de memoria, porque en poco tiempo se toman muchas fotografías.

■ LIMITACIONES

Tienes que saber que a pesar de mantener pulsado de manera indefinida el botón de disparo, la cámara tiene un límite, ya que al alcanzar el máximo de fotografías a disparar seguidas, todo el material realizado es enviado a la tarjeta de memoria, y mientras que se lleva a cabo este proceso, la cámara no puede captar más imágenes.

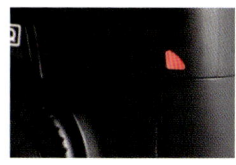

Esto suele ocurrir tras realizar aproximadamente unas 15 o 20 fotografías seguidas, pero dependerá del modelo de cámara y del formato de imagen que estés utilizando, pues con JPEG (archivo comprimido), tendrás la posibilidad de efectuar casi el doble de fotografías que con RAW (formato sin comprimir).

Además de la limitación ya comentada, existe otra relacionada con el flash, puesto que éste no puede emplearse en los disparos en ráfaga. Después de cada toma, el flash necesita un tiempo de recarga, por lo que su luz tendrá presencia sólo durante el primer disparo y, como consecuencia, las fotografías realizadas después, no estarán iluminadas.

Disparo con temporizador

En el disparo con temporizador, la cámara efectuará la fotografía tiempo después de haber pulsado el botón. Este tiempo podrá ser de 2 o de 10 segundos, y de ahí que se represente con un reloj que puede aparecer con un 2 o con un 10.

Debido a la demora en el disparo, para poder emplear este método, tendrás que apoyar tu cámara en un trípode o en otro soporte.

Previo a la toma, la cámara te avisará del inicio de la cuenta atrás y del momento anterior al disparo, mediante una señal acústica (*bip*) y una luz.

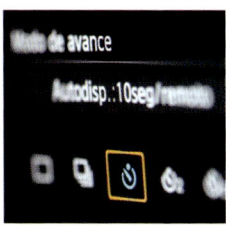
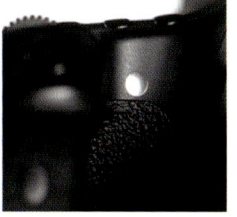
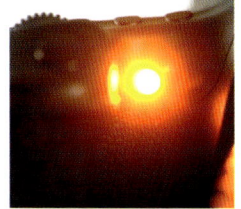

■ APLICACIÓN

Seguro que ya conoces el uso más común del temporizador, pero aún así, te pongo un ejemplo:

Imagina que quieres hacerte una fotografía, pero no hay nadie alrededor que te la pueda realizar... Deberás colocar tu cámara sobre un trípode, y usar el temporizador para que al pulsar el botón tengas tiempo suficiente para llegar hasta el lugar a fotografiar.

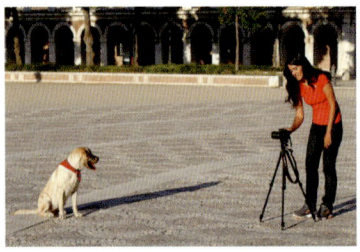
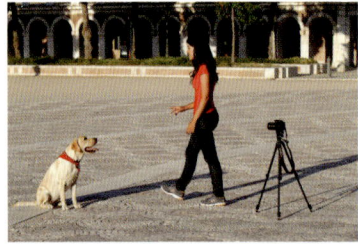
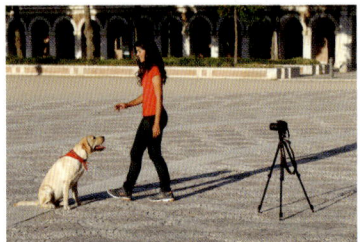
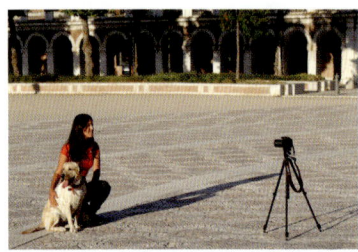
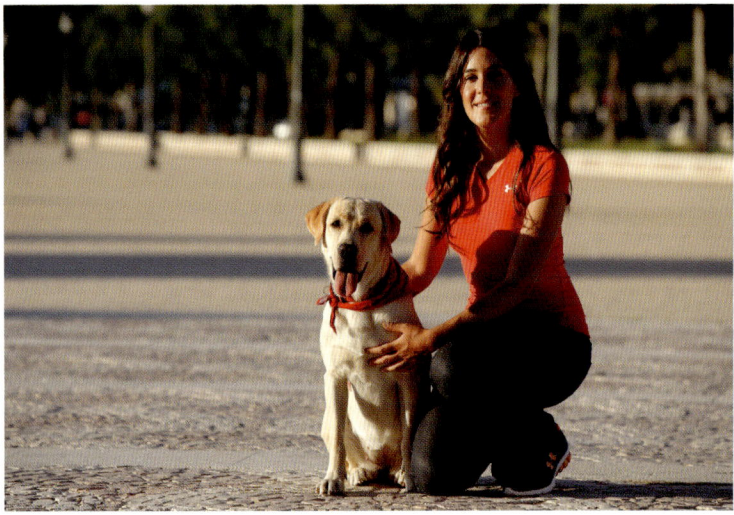

Otra de las situaciones en las que te recomiendo utilizar el temporizador es cuando realices una toma con larga exposición, donde al presionar el botón de disparo puedas mover la cámara afectando el resultado. Por ello, es recomendable colocar el temporizador y dejar que la cámara dispare sola.

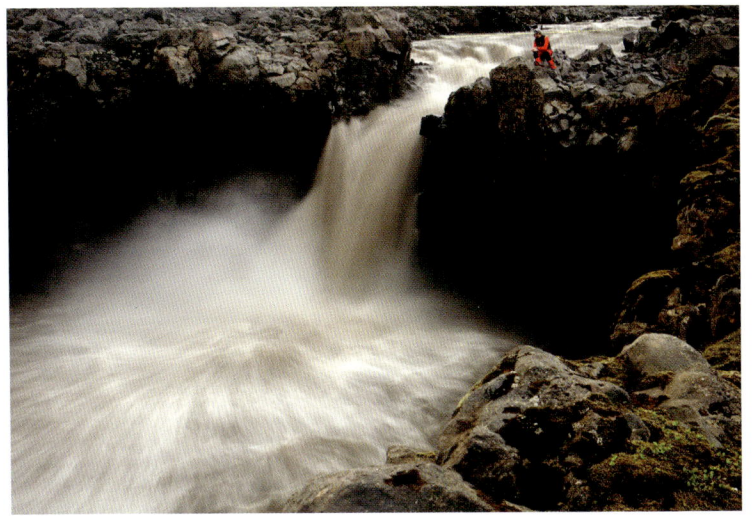

AF **r** MF

18

24

STABL
ON F

06. Enfoque manual y autofoco

Enfocar es observar a través de una lente o de un conjunto de lentes colocadas en tu objetivo, y modificar su posición hasta conseguir una imagen nítida y con suficiente definición como para describir una realidad, que de otra manera quedaría borrosa o desenfocada.

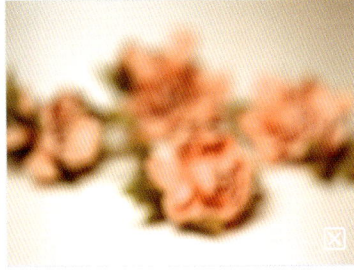

Foto desenfocada

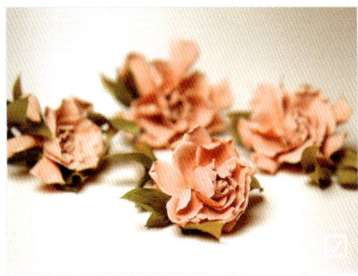

Foto enfocada

Línea de enfoque

El desplazamiento de las lentes a la hora de enfocar, crea una única *línea de enfoque*, paralela al plano del sensor, en la cual todo lo que se encuentra en esta línea, está enfocado. Dicha línea se acerca o se aleja de la cámara, aportando nitidez a los objetos o sujetos por donde pasa. De esta manera, si tengo uno o varios objetos sobre el mismo plano o *línea de enfoque,* todos ellos estarán enfocados o *a foco*.

■ *LÍNEA DE ENFOQUE* PARALELA AL ELEMENTO A FOTOGRAFIAR
En el ejemplo siguiente, te muestro cómo al situar la cámara en paralelo a los elementos a fotografiar, la *línea de enfoque* también será paralela a dichos objetos.

En la siguiente imagen puedes ver que, efectivamente, la *línea de enfoque* es paralela a los objetos fotografiados, ya que al hacerlo al primer elemento, todo queda enfocado desde la izquierda a la derecha.

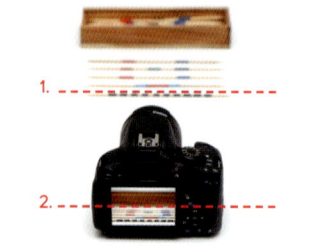 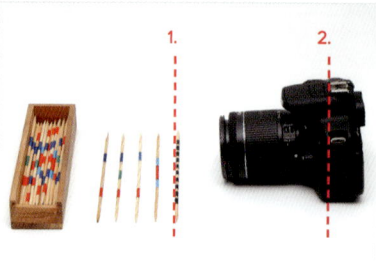

1. *Línea de enfoque*
2. Plano de la cámara (paralelo a la *línea de enfoque*, y al objeto a fotografiar)

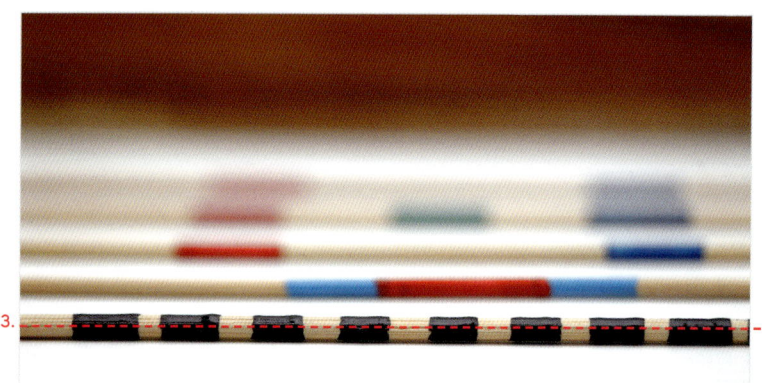

3. *Línea de enfoque* paralela a los objetos. Todo lo que hay sobre esta línea, está *a foco*

Para que puedas apreciar con más detalle cómo todo lo que se encuentra en la misma *línea de enfoque* presenta la misma nitidez, te muestro la siguiente fotografía, donde

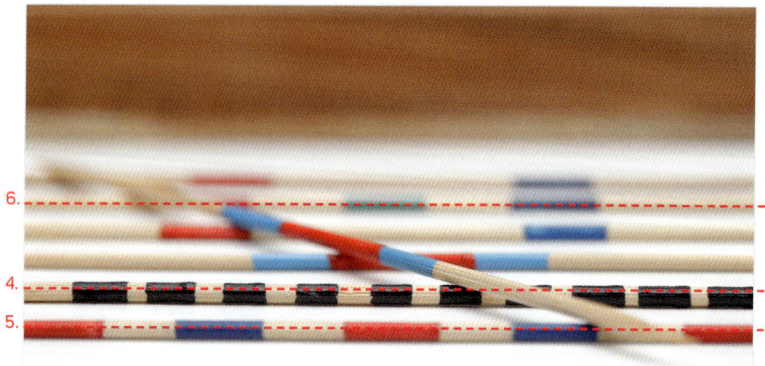

4. Está *a foco*. 5. y 6. No está *a foco*

he añadido dos elementos más (uno por delante del objeto, y otro en diagonal). Como puedes observar, todo lo que se encuentra en la misma línea del elemento inicial, está *a foco*, mientras que lo que está fuera de ella, no lo está.

■ *LÍNEA DE ENFOQUE* NO PARALELA AL ELEMENTO PARA FOTOGRAFIAR

En este caso, dado que la cámara, en lugar de encontrarse en paralelo a los elementos a fotografiar, se encuentra en oblicuo, la *línea de enfoque* también será oblicua a dichos objetos, y no paralela a los elementos como sucedía en el ejemplo anterior.

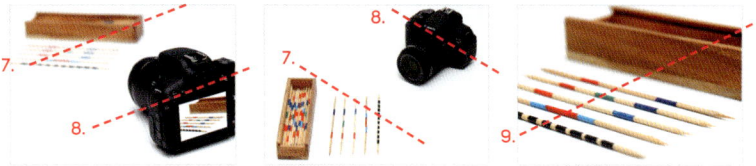

7. *Línea de enfoque*
8. Plano de la cámara (paralelo a la *línea de enfoque*, y situado en oblicuo al objeto a fotografiar)
9. *Línea de enfoque* situada en oblicuo a los objetos. Todo lo que hay sobre esta línea, está *a foco*

Métodos de enfoque

A continuación, voy a mostrarte en qué consisten cada uno de los sistemas con los que podrás enfocar una fotografía.

■ ENFOQUE MANUAL

Podrás enfocar de manera manual, girando el *dial de enfoque* de tu objetivo hasta obtener una imagen nítida en el punto que desees. Para poder enfocar manualmente, previamente tendrás que seleccionar en tu objetivo la posición manual *MF*.

 Las mayoría de las cámaras híbridas no podrán enfocar en manual, ya que no suelen tener dial de enfoque en su objetivo. Por lo tanto, si tu cámara es híbrida, te recomiendo que prestes especial atención al siguiente sistema de enfoque que voy a explicar (el autofoco).

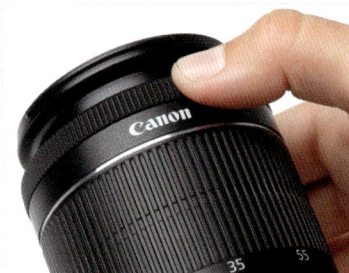

Ajuste del *dial de enfoque*

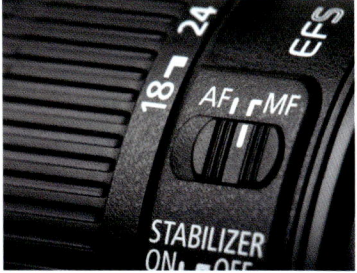

Selección de la posición manual *MF*

1. Coloca el objetivo en posición manual *MF*.
2. Identifica cuál es el dial de enfoque de tu objetivo (no lo confundas con el dial de zoom).
3. Mira a través del visor.
4. Gira el dial de enfoque, observando cómo la imagen que quieres enfocar gana o pierde nitidez.

   Observa que con sólo ir moviendo el anillo de enfoque, he ido otorgando nitidez de un elemento a otro.

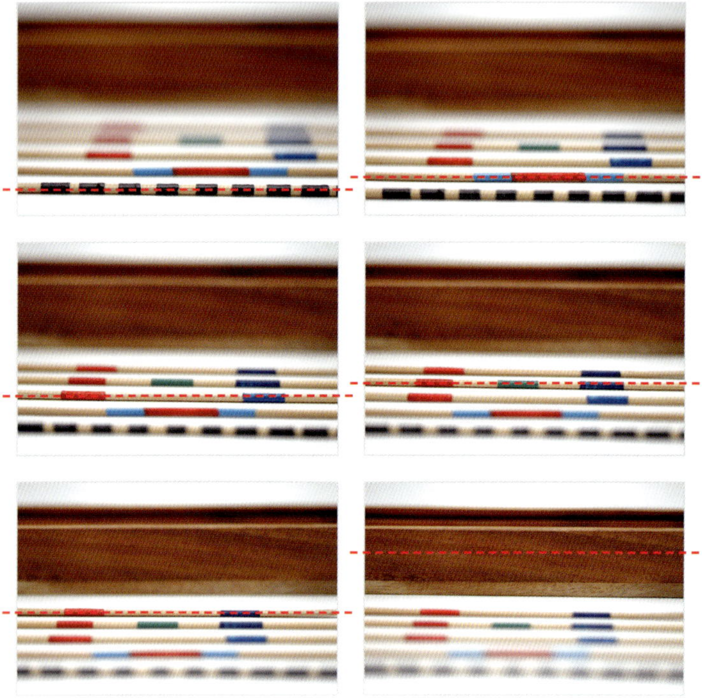

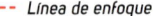

-- *Línea de enfoque*

Te recomiendo utilizar de forma frecuente el enfoque manual, ya que te aportará mucha destreza a la hora de analizar y componer la imagen, pues irás viendo de forma muy evidente cómo se enfocan y desenfocan los motivos de tus fotografías.

■ AUTOFOCO

Es un sistema incorporado en la cámara, que te permitirá enfocar de manera automática, porque a diferencia del enfoque manual, con el autofoco no tendrás que modificar el dial de enfoque, pues la propia cámara se encargará de modificar las lentes de tu objetivo de manera interna.

Para poder emplear este método, previamente deberás seleccionar en tu objetivo la posición de enfoque automático *AF*.

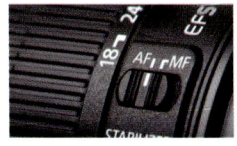

Selección de la posición autofoco *AF*

 Ten en cuenta, que a las cámaras les suele costar mucho más enfocar en situaciones de poca luz o de escaso contraste. Esto es debido a que en situaciones normales, el autofoco, funciona gracias al uso de los ultrasonidos y gracias al análisis del contraste y de la luminosidad de la escena a fotografiar; por lo tanto, en situaciones de escasa luz, el autofoco sólo estará trabajando con la ayuda del sistema de ultrasonidos, mientras que los otros dos sistemas mencionados, no tendrán tanta eficiencia para aportar un enfoque a la imagen.

PUNTOS DE ENFOQUE SISTEMA RÉFLEX

Dichos puntos, son unas pequeñas marcas rojas o grises que podrás ver iluminadas dentro de tu visor al pulsar a media presión el botón de disparo, y que sirven para transmitir a la cámara cuál es la zona de la imagen sobre la que deseas enfocar.

Dependiendo del modelo de cámara, dispondrás de entre 5 y 61 puntos de enfoque diferentes. Para poder cambiar el punto de enfoque, simplemente tendrás que pulsar el botón de *selección de puntos de enfoque,* y desplazarte por los diferentes tipos mediante el *joystick* o la ruleta que se encuentre debajo del visor hasta seleccionar el deseado.

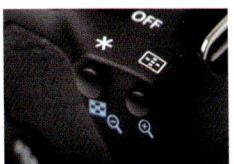
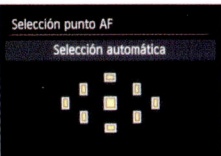
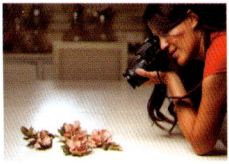

En las siguientes fotografías te muestro cómo varía la imagen, en función del punto de enfoque seleccionado en cada una de las tomas.

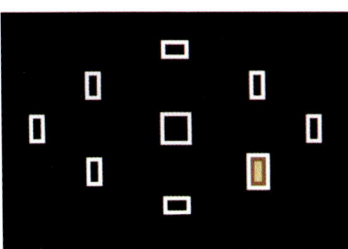
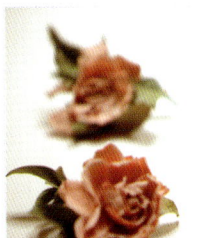
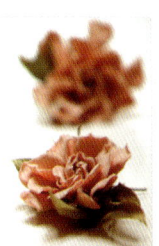

Punto de enfoque situado en la parte inferior derecha

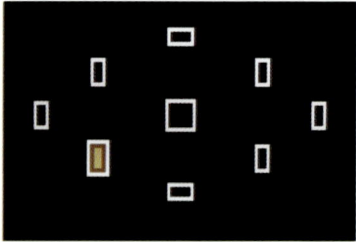
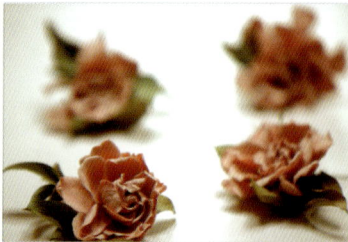

Punto de enfoque situado en la parte inferior izquierda

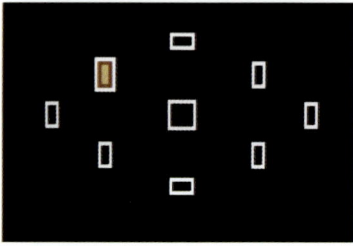
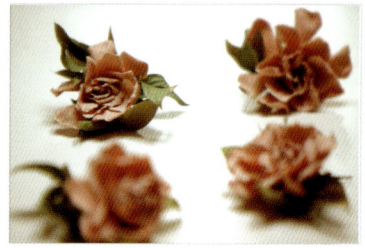

Punto de enfoque situado en la parte superior izquierda

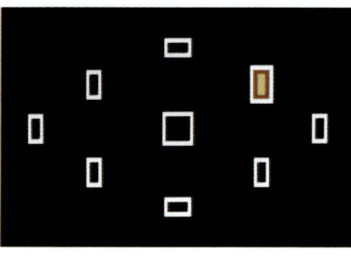
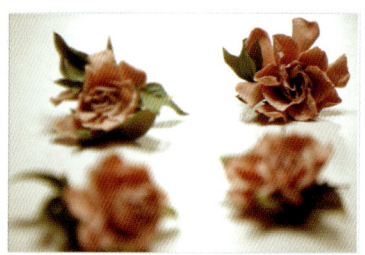

Punto de enfoque situado en la parte superior derecha

PUNTOS DE ENFOQUE SISTEMA MIRRORLESS:

Con los modelos *mirrorless* podrás enfocar en cualquier zona del visor, cubriendo casi el 100 % de la imagen. De esta forma un sistema sin espejo es mucho más efectivo y te ofrece más posibilidades a la hora de enfocar.

Las cámaras *mirrorless*, no solamente trabajan con puntos únicos, sino que también te permiten seleccionar grupos de varios puntos de enfoque en forma de cruz, en forma de cuadrado o áreas de enfoque que engloban

En esta imagen puedes observar cómo es un punto de enfoque en un sistema *mirrorless*.

un mayor número de puntos. Estas áreas pueden ser personalizables en algunos modelos, algo de gran utilidad para que las puedas adaptar a cada situación.

En estas imágenes puedes observar cómo se pueden personalizar las áreas de enfoque.

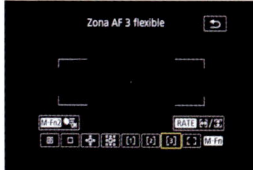 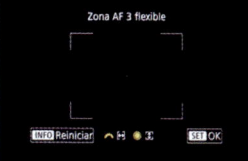

SISTEMA DE AUTODETECCIÓN DE SUJETOS Y OBJETOS

Ahora te muestro, una de las funciones más interesante de los nuevos sistemas de autofoco, la detección de sujetos tanto en estático como en movimiento ya que la cámara puede realizar una diferenciación entre: animales, personas o vehículos. De hecho, algunos modelos pueden diferenciar incluso entre tipos de vehículos (tren, coche, avión...) y de animales (perros o caballos). Así cómo la detección de ojos algo que es muy interesante en la fotografía de retrato.

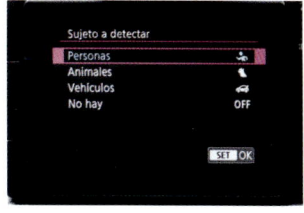

Dentro del apartado de detección de personas, debes saber que existe una jerarquía.

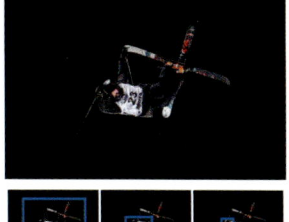

1. Primero: la cámara busca un sujeto, centrándose en el torso.
2. Segundo: la cámara busca una cabeza o casco.
3. Tercero: la cámara busca el ojo (siempre que sea visible).

LIMITACIONES DEL AUTOFOCO

Debes saber, que el autofoco tiene ciertas limitaciones que pueden hacer que tu cámara no enfoque correctamente a la hora disparar. Por lo tanto, presta especial atención (o incluso trata de disparar en modo manual), en las siguientes situaciones que te muestro a continuación, y que son susceptibles de que el autofoco falle:

1. Motivos con bajo contrate o sin apenas textura (el cielo azul, una pared, una superficie metálica, etc.).
2. Sujetos o motivos que se encuentren frente a la cámara, y que generen mucho

brillo o emitan una luz o destello hacia la misma (un vehículo con las luces de frente, un atardecer donde el sol incida a través de las lentes, etc.).

3. Sujetos o lugares débilmente iluminados (un concierto, un bosque al anochecer, una localización iluminada con luz artificial, etc.).

4. Objetos posicionados en diferentes planos (más lejanos o cercanos a ti) de la escena (un tigre dentro de una jaula del zoológico, donde es posible que el autofoco no atraviese los barrotes de la jaula y sea complicado enfocar al animal, etc.).

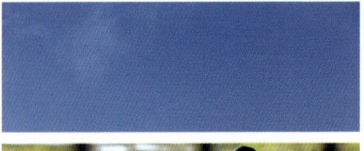 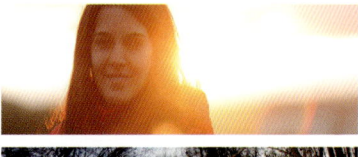

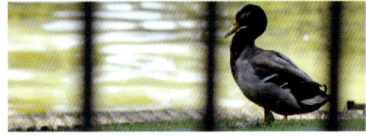 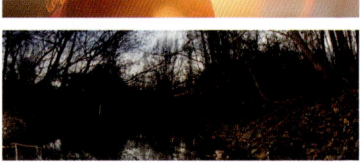

MODOS DE AUTOFOCO
Foto a foto (*One shot* o *Single focus*)

Al seleccionar *One shot* o *Single focus*, la cámara realizará el enfoque una sola vez tras pulsar el botón de disparo a media presión, por lo que te recomiendo que lo emplees en fotografías de objetos estáticos (retratos, paisajes, etc.).

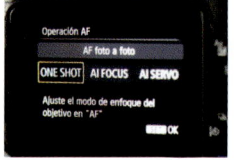

En este modo, la cámara te avisará mediante una señal acústica (un pitido) y una señal luminosa (un punto fijo que aparecerá en el visor) cuando el sujeto esté enfocado.

 Dependiendo de la cámara, la señal lumínica podrá ser verde, negra, o simplemente las siglas *AF*.

1. Selecciona en tu objetivo la posición automática *AF*.
2. Elige el modo de autofoco *One shot* o *Single focus*.
3. Toma varios objetos que no estén en el mismo plano (misma *línea de enfoque*).
4. Selecciona el *punto de enfoque central* (si no es el que tienes seleccionado de manera predeterminada, tendrás que pulsar el botón de *selección de puntos de enfoque* y desplazarte con el *joystick* o la ruleta que se encuentre debajo del visor, hasta seleccionar el *punto de enfoque central*).
5. Pulsa el botón de disparo a media presión, y una vez enfocado, dispara.
6. Repite el proceso desde el punto 4, seleccionando cada vez diferentes puntos de enfoque.

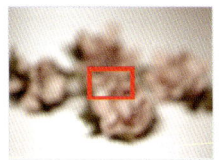 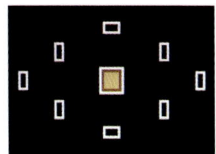 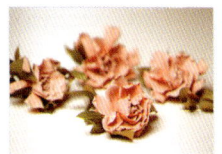

Enfoque continuo (*Al servo* o *Enfoque continuo*)

El *AI servo* o *Enfoque continuo,* es ideal para fotografiar sujetos que se mueven, ya que trabaja enfocando continuamente. Por ello, este modo es considerado un sistema de enfoque predictivo, pues si el sujeto se acerca o aleja, predice su distancia, y lo enfoca antes de realizar la fotografía. Como lo habrás deducido ya, éste es el sistema de enfoque que se utiliza en deporte y en acción.

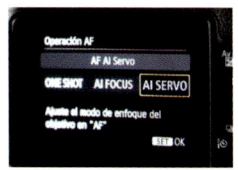

 Cíñete al uso de los modos de disparo que te he recomendado para cada una de las circunstancias descritas anteriormente, de no hacerlo podrás obtener resultados no deseados (imagínate realizar un retrato con *enfoque continuo,* y que éste, esté movido o trepidado a causa del propio movimiento de las lentes que continuamente están trabajando, o supón realizar una fotografía de acción con *enfoque único,* con el cual la cámara sólo enfocará una vez, y no seguirá el movimiento de los sujetos, apareciendo los mismos desenfocados en tus fotografías).

1. Coloca el objetivo en la posición automática *AF*.
2. Selecciona en la cámara el modo de *autofoco continuo.*
3. Elige un motivo a fotografiar que se mueva, para que de este modo puedas observar cómo el autofoco trabaja continuamente.
4. Pulsa el botón de disparo a media presión para que se active el autofoco, y no lo sueltes mientras sigas al motivo en movimiento. Una vez que quieras disparar, pulsa el botón hasta el fondo y haz la fotografía.

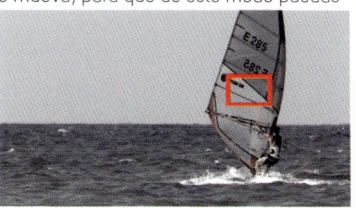

 Es recomendable que siempre que utilices el sistema de *autofoco continuo,* emplees el modo de *disparo en ráfaga,* porque así podrás realizar un mayor número de fotografías.

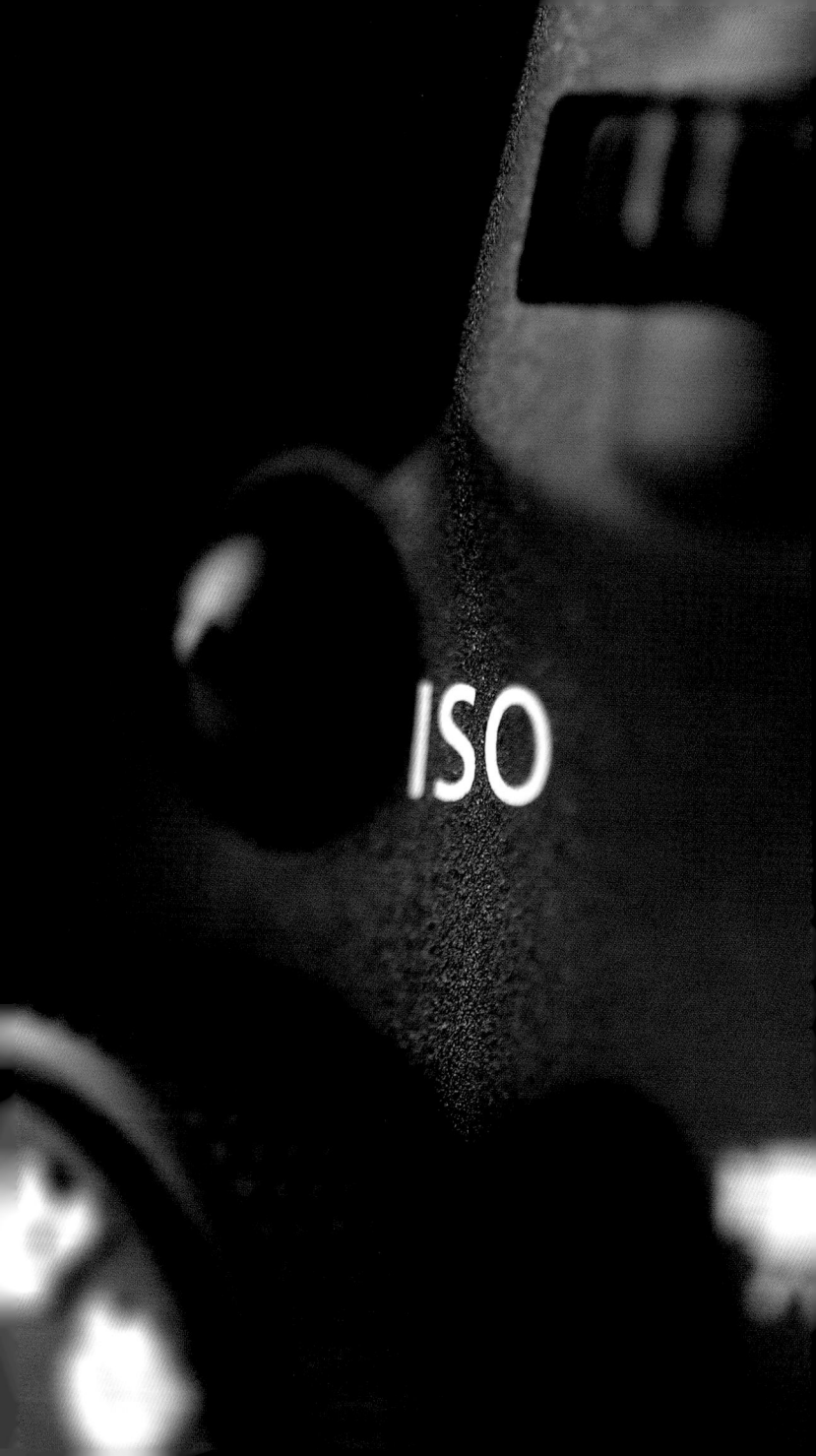

07. Exposición e ISO

Exposición

La exposición es la cantidad de luz que recibe un material fotosensible (en el caso de tu cámara, este material fotosensible es el sensor). La cámara controla a través del obturador el tiempo durante el cual se deja pasar la luz, y mediante el diafragma (situado dentro del objetivo) la cantidad o intensidad de la misma.

■ MEDICIÓN

Medir es tomar referencias de la luz que existe en la escena a fotografiar, para crear el valor de exposición deseado, a partir de varios parámetros como son el obturador, el diafragma y el ISO.

■ FOTÓMETRO

Para calcular la exposición correcta de la escena a fotografiar, la cámara cuenta con un fotómetro que realiza una medición o evaluación de la luz de la imagen. El fotómetro se encuentra localizado en el interior de la cámara, y puedes observar los valores de su medición mirando el *indicador de exposición* a través del visor, o en la pantalla LCD trasera.

El fotómetro de una cámara réflex se considera TTL *Through The Lens*, o también llamado *a través del objetivo* (ya que mide la intensidad de luz de la escena a través de las lentes del objetivo).

ESCALETA DEL FOTÓMETRO E INDICADOR DE EXPOSICIÓN

La escaleta del fotómetro es la guía sobre la cual se desplaza el indicador de exposición, y se encuentra dividida en puntos o en fracciones de medios puntos o de tercios.

El indicador de exposición es un indicador móvil que se desplaza por la escaleta del fotómetro, para informarte de la cantidad de luz que existe en la escena.

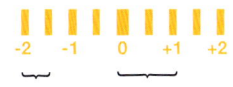

Medio punto   Un punto

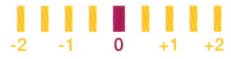

El indicador de exposición, muestra que la exposición es la correcta

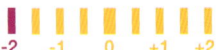

Indica que está dos puntos por debajo de la exposición correcta (es decir, está dos puntos más oscuro, está *subexpuesto*).

Indica que está dos puntos por encima de la exposición correcta (es decir, está dos puntos más claro o está *sobreexpuesto*).

USO Y MANEJO DEL FOTÓMETRO

Tras la medición con el fotómetro, y en función de la información que te proporcione éste, tendrás que ajustar la velocidad de obturación y el diafragma (cuyo funcionamiento analizaré en los capítulos 9 y 12 respectivamente) hasta obtener una exposición correcta. Con cada posible combinación de estos dos parámetros obtendrás resultados visuales diferentes, por lo que deberás elegir la opción que más te convenga en función del resultado que desees obtener (mayor o menor nitidez en el fondo, mayor o menor movimiento) manteniendo, eso sí, la misma exposición o apariencia de la fotografía.

Observa cómo las fotografías que te muestro a continuación son diferentes, a pesar de tener la misma exposición.

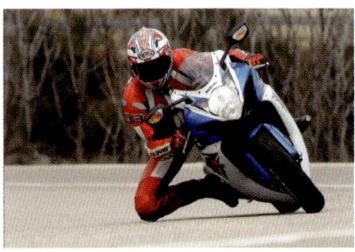

Fotografía con mucha nitidez en el fondo

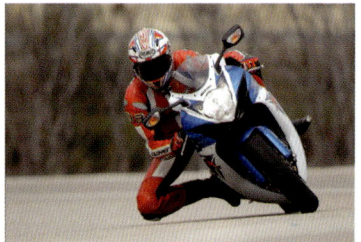

Fotografía con poca nitidez en el fondo

El fotómetro obtiene un valor medio de exposición midiendo la intensidad de luz que hay en la escena. Dicho valor es trasladado a tu visor, para que de este modo puedas ajustar la abertura y la velocidad de obturación.

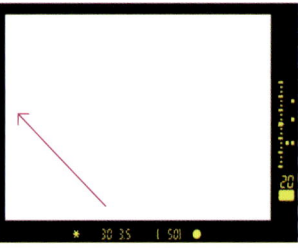

Valores de velocidad de obturación (30) y de apertura de diafragma (*f* 3,5)

Escaleta del fotómetro, e indicador de exposición

Seguro que te vas a encontrar con muchos casos en los que la escena a priori te parezca muy luminosa (ya que el ojo se ajusta a la luz ambiente), sorprendentemente, al observar a través de la cámara el fotómetro te indicará lo contrario. Esta sensación la tendrás por ejemplo en un estadio de fútbol o de baloncesto, donde para tu ojo aparentemente habrá luz suficiente, pero la cámara te mostrará que no es así.

 El fotómetro tiene que medir la escena, y para ello en el capítulo 13 estudiaremos los diferentes modos de medición que existen. Por ahora, te recomiendo que para medir en tus fotografías lo hagas utilizando el modo de medición 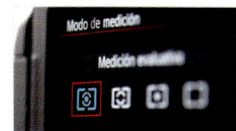 evaluativa, porque es el más utilizado. Podrás encontrarlo en el menú de tipo de mediciones y su icono es el de la imagen adjunta.

1. Enciende la cámara.
2. Coloca el programa *M* de exposición.
3. Mira a través del visor y observa la escaleta del fotómetro que se encuentra, en función del modelo de cámara, en la parte inferior o en lateral derecho.
4. Mueve el dial que tienes cerca del disparador desde el principio hasta el final de su recorrido, y observa cómo el indicador de exposición se mueve por la escaleta del fotómetro.

ISO

Tras haberte explicado de manera introductoria la exposición en la fotografía (en el capítulo 13 de exposición manual, profundizaremos más en ella), voy a presentarte el ISO, un parámetro que también interviene en el proceso de medición y exposición.

El ISO es un valor numérico estandarizado, que representa la velocidad a la que reacciona el sensor al estar expuesto a la luz. Mediante el ISO podrás hacer que esta velocidad varíe, otorgando a tu sensor una mayor o menor sensibilidad hacia la luz proveniente de la escena.

A continuación te muestro los diferentes valores de ISO:

Valores de ISO					
100	200	400	800	1600	3200

 Los valores de ISO que te acabo de indicar son los nativos o completos, por lo que además de ellos podrás encontrar otros intermedios.

1. Accede a la función *ISO* mediante el botón *ISO* de tu cámara (dependiendo del modelo y marca de cámara, éste se encontrará en la parte trasera, o en la parte superior de la misma).

2. Una vez lo hayas ubicado mueve el dial de función y observa todos los valores de ISO disponibles. ¿Cuál es el valor mínimo de ISO de tu cámara? ¿y el máximo?

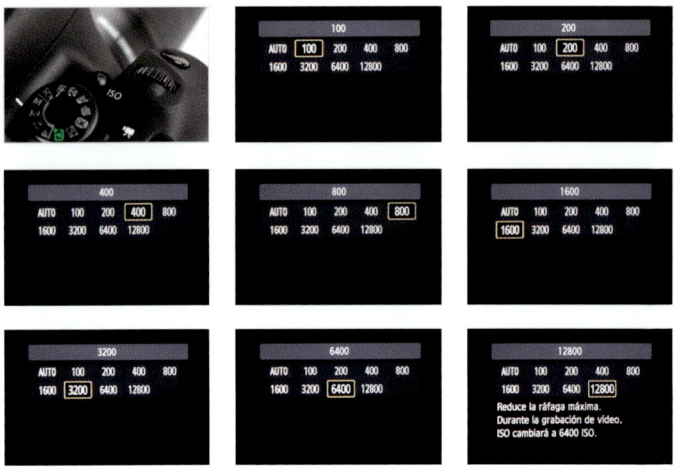

 Aunque los valores mínimos y máximos de ISO suelen ser 100 ISO y 6 400 ISO, son muchas las cámaras de nivel medio (aunque no todas), en las que puedes seleccionar la función *ampliación de ISO*, pudiendo llegar hasta valores de 50 ISO y 12 800 ISO.

■ **EJEMPLO ILUSTRATIVO DEL FUNCIONAMIENTO DEL ISO**

A continuación te muestro unas fotografías donde podrás observar cómo la variación del parámetro ISO hace que una imagen pueda tener mayor o menor cantidad de luz.

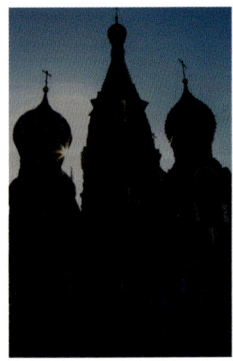
Oscura 100 ISO

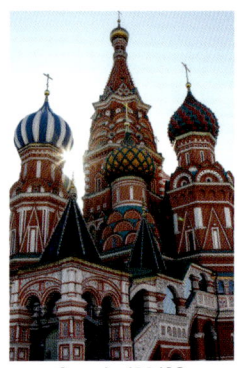
Correcta 400 ISO

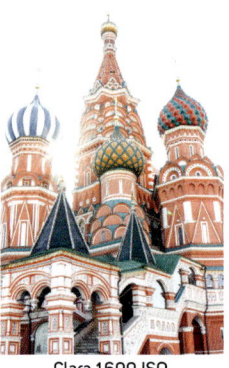
Clara 1 600 ISO

■ LIMITACIONES DEL ISO. RUIDO

El uso de valores altos de ISO (a partir de 800 ISO) genera *ruido*, un efecto poco amigo de los fotógrafos. El *ruido* se crea cuando la cámara fuerza de manera digital la señal de luz que recibe para tratar de captar mayor cantidad de ella en situaciones poco iluminadas.

Dicho efecto es muy habitual en las cámaras compactas, y podrás reconocerlo por la presencia de píxeles de color rojo, verde y azul, que dan a la fotografía cierta textura o trama.

En las zonas oscuras de una imagen está la mayor presencia de ruido, porque es donde la cámara necesita forzar más para poder captar la poca luz que le llega.

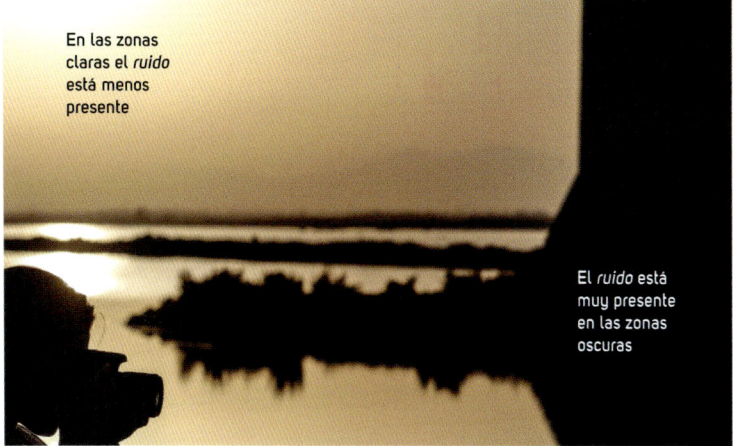

En las zonas claras el *ruido* está menos presente

El *ruido* está muy presente en las zonas oscuras

Además, cuanto más sensible sea la cámara (es decir, cuanto mayor sea el ISO que esté usando), mayor cantidad de ruido tendrá tu fotografía.

A continuación te muestro dos fotografías para que aprecies la diferencia en el ruido generado en una imagen con 100 ISO y en otra con 1600 ISO.

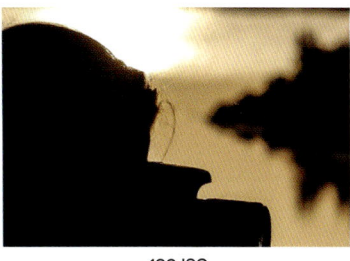

100 ISO

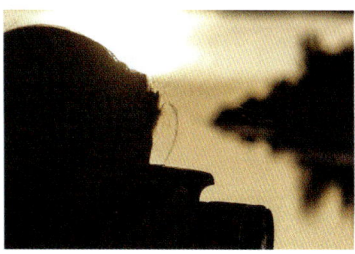

1600 ISO

■ USOS DEL ISO
ISO 50 O 100

Los valores de ISO 50 y 100, se utilizan en días soleados en los que hay mucha luz, así como en fotografías de paisaje, turismo o retrato.

Aunque a priori pudiera resultar contradictorio, estos tipos de ISO suelen usarse también en fotografía nocturna o en situaciones de poca luz puesto que, como hemos visto, cuando la iluminación es escasa, el ruido es más evidente, y por lo tanto habrá que evitar emplear un ISO elevado más sensibles al ruido.

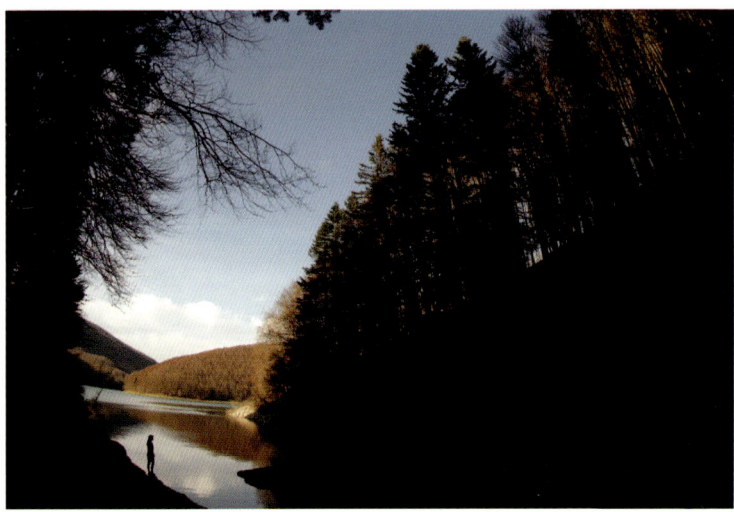

 Ten en cuenta que en situaciones de poca luz como la que acabamos de ver, donde el uso de un ISO elevado se desaconseja por el ruido, lo más recomendable será disparar con largas exposiciones ayudándote del trípode.

ISO 200 O 400

Estos valores de ISO se utilizan en días soleados, nublados, en interiores con flash, o en fotografías de acción o deporte con sol (donde necesites una velocidad elevada para congelar el momento, y por lo tanto tengas que ayudarte del ISO para conseguir captar la máxima luz).

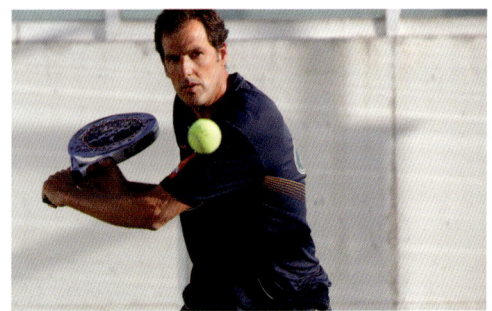

Los valores de ISO 200 o 400 tienen algo más de ruido que los parámetros de ISO anteriores pero, aún así, el ruido generado es casi inapreciable.

ISO 800

Es recomendable utilizar este ISO a la hora de realizar fotografía de interior con o sin flash, fotografía de espectáculo (teatro o concierto), fotografía nocturna en los casos en los que no puedas utilizar un trípode, o no le des gran importancia a la calidad de la fotografía y a la presencia del ruido.

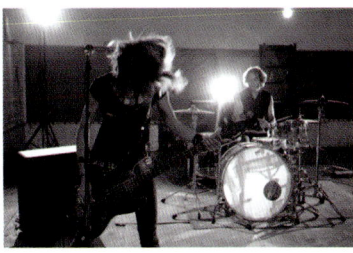

ISO 1 600 O 3 200

Se utilizan en condiciones extremas donde la luz sea casi inapreciable, en fotografía de acción o deportiva en interior o nocturna (como puede ser por ejemplo un partido de fútbol nocturno).

Te recomiendo emplear estos valores sólo para los fines citados, ya que la calidad disminuirá mucho y, por consiguiente, el ruido será muy evidente.

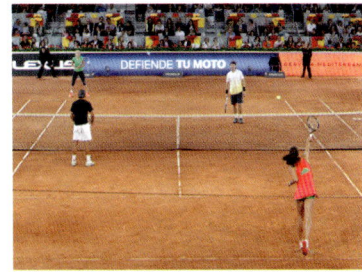

Aunque a lo largo del capítulo te haya mostrado el funcionamiento del ISO y su importancia en la exposición, así como la estrecha relación que tiene con el obturador y el diafragma, no podré enseñarte la complicidad que existe entre estos tres pilares fundamentales de la fotografía (velocidad de obturación, diafragma e ISO) hasta que no hayas visto los capítulos 9 y 12 relativos a estos parámetros. Por lo tanto, mientras llegas a esos capítulos, te aconsejo que ajustes el ISO conforme a los valores que acabamos de ver en función de los diferentes usos y situaciones de luz.

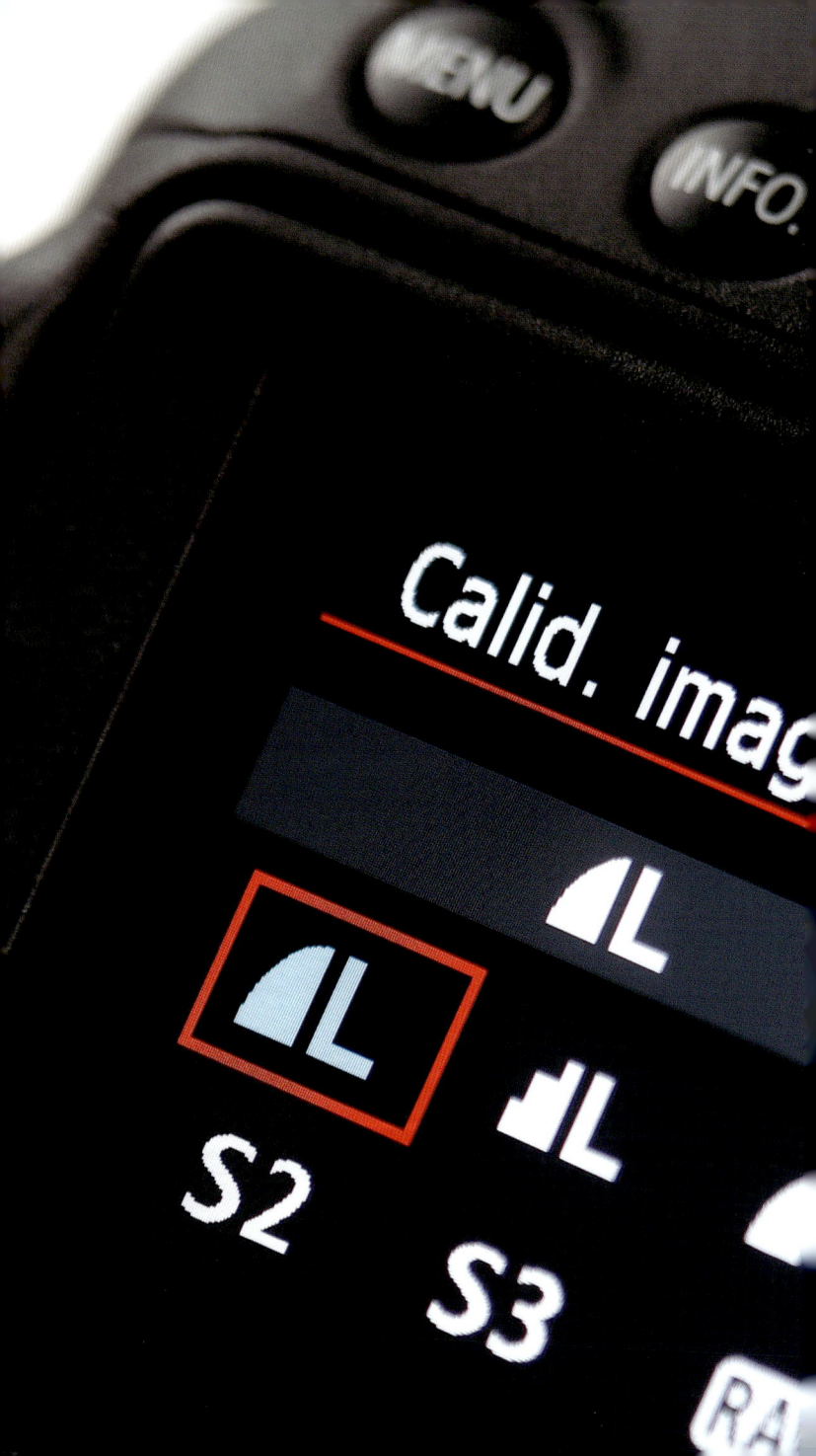

08. Formatos de imagen

Tipos de formatos de imagen

El formato de imagen determina la calidad y compresión de la imagen digital, que se forma en el sensor de tu cámara, cuando recibe la luz que proviene de la escena que has fotografiado.

Los formatos más extendidos que determinan las características de una imagen, son el JPG y el RAW.

■ JPG

Te recomiendo emplear el formato JPG en los casos en los que apenas vayas a retocar las fotografías, no pretendas realizar grandes ampliaciones, o cuando quieras visualizar las imágines de manera rápida y en cualquier ordenador.

¿CÓMO FUNCIONA?

Al seleccionar el formato JPG, la cámara recoge la información registrada por el sensor, y la comprime antes de almacenarla en la tarjeta. En este proceso se pierde en mayor o menor medida cierta información del color y de la resolución.

Ejemplo: Te muestro la ampliación de una fotografía tomada en JPG con una compresión estándar y compresión máxima, para que puedas observar cómo afecta la reducción de calidad a una imagen. ¿Ves las diferencias?

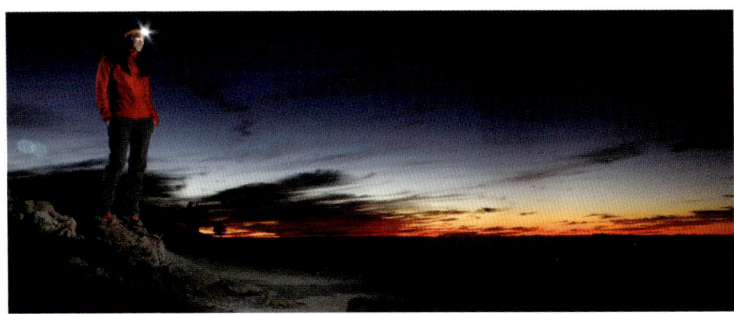

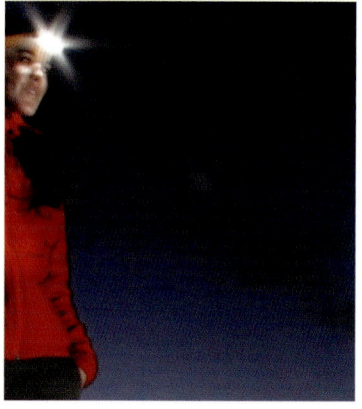
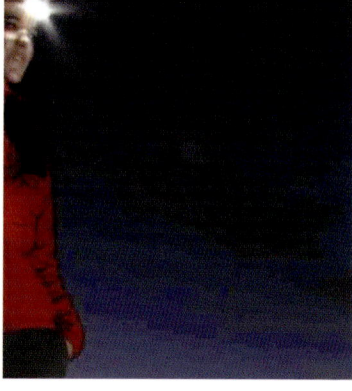

Compresión estándar   Compresión máxima

■ RAW

Si en general prefieres disparar con mayor calidad, no te importan las esperas en la descarga y visualización de imágenes, y ya tienes alguna noción de retoque y quieres trabajar en programas de edición con tus fotografías, sin duda te propongo el formato RAW.

Ejemplo: Te muestro a partir de dos fotografías una de las grandes virtudes de este formato, como es la recuperación de exposición sin apenas pérdida de calidad. Imagínate que has realizado una fotografía y te ha quedado subexpuesta (oscura), gracias a la recuperación de exposición del formato RAW, podrás llegar a aclararla hasta que sea correcta. ¿Ves las diferencias?

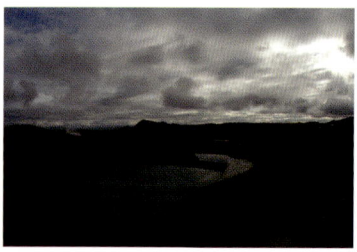
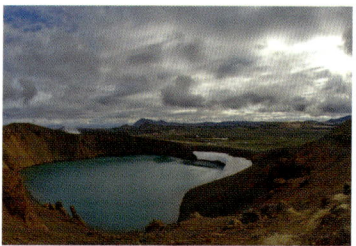

Foto inicial (oscura)   Foto recuperada (correcta)

¿CÓMO FUNCIONA?

Cuando eliges RAW, la cámara no realiza compresión, ni procesado, sólo se limita a almacenar la información que proviene del sensor en el soporte de grabación (tarjeta) y, en este caso, tú serás el que realice el revelado y retoque en el ordenador.

 Seguro que te surge indecisión, por ello el formato que te recomiendo para que realices las prácticas que propongo a lo largo del libro, es el JPG, pues las fotografías te ocuparán menos espacio en el ordenador, y podrás visualizar los resultados de los ejercicios de una manera más sencilla. En cuanto al formato RAW, te incito a que lo pruebes una vez hayas terminado el libro.

■ CARACTERÍSTICAS DE LOS FORMATOS DE IMAGEN

FORMATO JPG

1. Las imágenes pueden ser mostradas con cualquier visualizador como pudiera ser el explorador de Windows, ya que el JPG es un formato estándar.
2. Es un formato que tiene compresión (no aprovecha toda la información que le llega del sensor), por lo que su peso no es muy elevado.

 Para que te hagas una idea: una fotografía disparada con una cámara de 18 mega píxeles, tendrá un peso de unos 5 megas.

3. Los ajustes de contraste, nitidez o saturación, realizados desde la propia cámara, se aplicarán directamente en tu fotografía.

 Para efectuar estos cambios, tendrás que hacerlo modificando tu usuario en el apartado *estilo de foto* como te muestro en la siguiente fotografía:

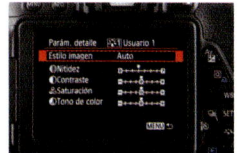

 El *tono de color* es un ajuste que no te aconsejo que modifiques desde la propia cámara.

4. A causa de la compresión, se pierde información al retocar las imágenes en este formato, por lo que no es aconsejable realizar grandes postproducciones.
5. Es el formato ideal para efectuar imágenes deportivas, ya que necesitarás disparar gran cantidad de fotografías sin que el peso de las mismas te limite o ralentice a la cámara.
6. Te permite seleccionar diferentes tamaños y compresiones.

FORMATO RAW

1. No es un formato estándar que pueda ser mostrado por cualquier visualizador, ya que necesita de un programa específico llamado revelador RAW.
2. Su peso es muy elevado, pues como su nombre indica (la traducción de RAW al castellano es crudo o en bruto), es un formato sin compresión, que almacena sin pérdida alguna toda la información recogida por el sensor de la cámara.

 Para que te hagas una idea: una fotografía realizada con una cámara de 16 mega píxeles, tendrá un peso de unos 16 a 22 megas.

3. El RAW no se ve afectado por los ajustes de la cámara, por lo que cualquier ajuste que quieras realizar sobre una imagen de este formato, tendrás que hacerlo a través de un programa de revelado.
4. Permite realizar grandes retoques y recuperaciones de luz sobre la imagen, sin apenas pérdida de calidad.
5. La reproducción que hace de los colores es muy fiel, y por ello es muy recomendable a la hora de realizar fotografías de retrato, paisaje o producto.

FORMATO C-RAW

El C-RAW de Canon (Compressed RAW) es una variante del archivo RAW tradicional diseñada para reducir el tamaño de los ficheros sin perder la flexibilidad típica del formato.

¿Qué es el C-RAW?

Es un RAW comprimido desarrollado por Canon que mantiene toda la información esencial del sensor, pero aplicando una compresión más eficiente que genera archivos un 30–40% más pequeños que los RAW estándar (.CR3 o .CR2 según modelo).

Características principales

- **Formato RAW completo:** conserva la información necesaria para un revelado avanzado (balance de blancos, exposición, perfil de color, etc.).
- **Compresión con pérdida mínima:** aplica lossy compression, pero diseñada para que la degradación sea prácticamente imperceptible en condiciones normales.
- **Más eficiencia de almacenamiento:** permite disparar rachas largas y ahorrar espacio en tarjetas y discos sin renunciar a la edición profunda.
- **Procesado compatible:** es admitido por Canon Digital Photo Professional y por la mayoría de software de revelado actual compatible con CR3.

Ventajas

- Ahorro significativo de espacio.
- Flujo de trabajo más ágil gracias a archivos más ligeros.
- Ideal para fotografía deportiva, acción o eventos donde se generan miles de imágenes.

Inconvenientes

- Al ser un RAW comprimido, no es tan "puro" como el RAW sin compresión, aunque en la práctica las diferencias son muy difíciles de percibir.
- En escenas extremadamente críticas (recuperación extrema de sombras o luces), el RAW clásico puede ofrecer un margen ligeramente mayor.

■ SOFTWARE
PARA REVELAR EL FORMATO RAW

Todas las marcas de cámaras disponen de sus propios reveladores de RAW, que podrás encontrar en los cd's que vienen en la caja del aparato fotográfico. Son aplicaciones que funcionan como visualizadores y procesadores de RAW.

Al margen de los ofrecidos por las marcas de cámaras, existen otros reveladores como los que te recomiendo a continuación:

Camera RAW

Es un *plugin* que se instala en *Adobe Photoshop* o que directamente viene instalado en *Adobe Lightroom*. Además de ser un revelador sencillo y muy intuitivo, ofrece grandes posibilidades para la optimización de la imagen.

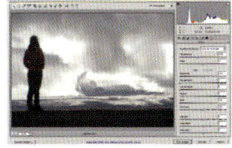

Capture ONE

Es otro de los reveladores con renombre, que te permitirá ajustar gran cantidad de parámetros en tus fotografías.

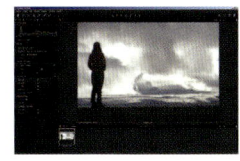

 Una vez hayas revelado el RAW, tendrás que guardar la imagen resultante en formato TIFF de 8 o 16 bits de profundidad de color, para que se pueda visualizar en cualquier ordenador manteniendo la máxima calidad.

PARA VISUALIZAR EL FORMATO JPG

A pesar de que el formato JPG (tal y como hemos explicado anteriormente), pueda visualizarse con cualquier programa (como por ejemplo el propio explorador de Windows), es recomendable emplear el siguiente visualizador, con el que podrás seleccionar y renombrar tus fotografías de forma muy sencilla.

ACDSEE

Posee un gran motor de visualización, ampliación y catalogación de las imágenes.

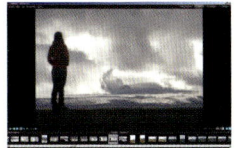

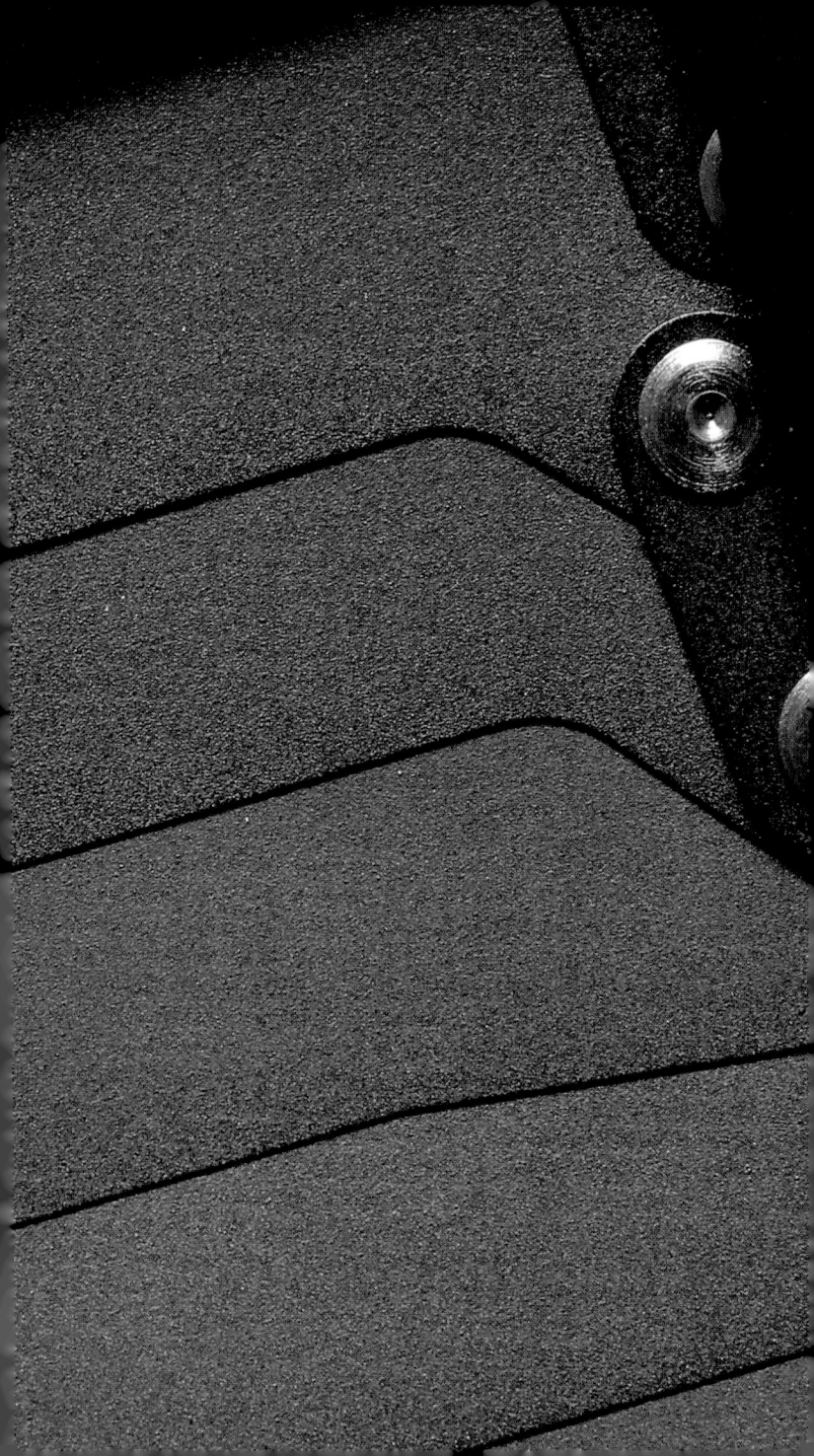

09. Obturador y velocidades de obturación

Después de leer este capítulo, entre otras cosas, ¡serás capaz de realizar estupendos contraluces, fotografiar el agua con el deseado efecto seda y congelar cualquier tipo de movimiento!

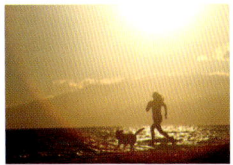 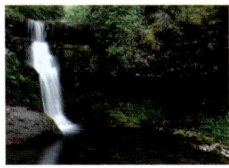 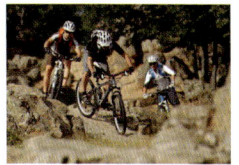

El obturador

El obturador se encuentra en el interior de la cámara, y se compone de unas finas láminas dispuestas de manera horizontal, que se abren y se cierran de abajo hacia arriba.

El obturador determina el tiempo de exposición de una fotografía, permitiendo el paso de luz al sensor durante un periodo de tiempo establecido.

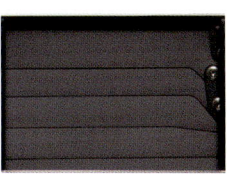

El control que ejerce el obturador sobre el tiempo de exposición, hace que éste sea uno los pilares fundamentales de la fotografía, de él dependerá que obtengas, o no, los resultados deseados.

Dependiendo del tipo o modelo de cámara, el obturador, podrá tener 3 o 5 cortinillas

Conviene recordar que, como hemos comentado anteriormente, en las cámaras *mirrorless* es el propio sensor el que asume la función de controlar el inicio y el fin de la exposición. Cuando este proceso se realiza sin intervención del obturador mecánico, hablamos de obturador electrónico.

Para hacerte un símil: Imagínate que estás cocinando un bizcocho en un horno, y en vez de colocar el tiempo de horneado exacto, colocas un tiempo menor, o mayor al requerido. Como consecuencia, lo que estabas cocinando se quedará crudo o se quemará. ¡Así que vamos a trabajar muy duro con el obturador para que a tus fotografías no les suceda lo mismo que al bizcocho del ejemplo! ¡Ánimo, que comenzamos!

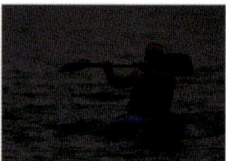

Poco tiempo (subexpuesta)

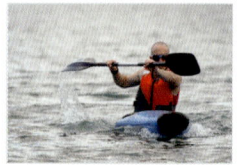

Tiempo correcto

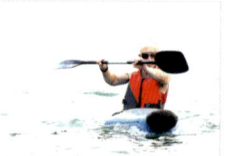

Demasiado tiempo (sobreexpuesta)

El obturador trabaja a partir de 1 segundo, fraccionándolo, o multiplicándolo, para conseguir el tiempo exacto deseado. A esta unidad de medida se le denomina tiempo de exposición o velocidad de obturación.

En el modo *live view* de una cámara réflex o en una cámara *mirrorless*, el sensor puede desempeñar también la función de obturador electrónico. Esto significa que captura la imagen durante un determinado tiempo sin tener que hacer uso del obturador mecánico (cortinillas).

Ahora te voy a enseñar cómo ajustar tu cámara para conseguir que dispare con una velocidad de obturación de 1 segundo:

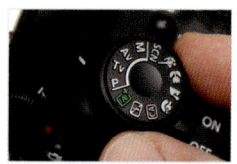

1. Enciende la cámara.
2. Coloca el *dial de programas de exposición* de la cámara, en el *programa semiautomático Tv* o *S*.
   Dependiendo de la marca y modelo de tu cámara, el dial de velocidades estará al lado del botón del disparador (en la parte superior), o en la parte trasera del cuerpo de la cámara.

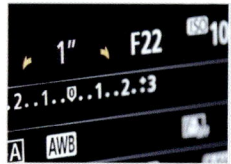

3. Mueve el dial de velocidades hasta que aparezca 1".

Velocidades de obturación

El resto de tiempos que podrás encontrar al girar el dial de velocidades, son el resultado de la multiplicación o división de 1 segundo, y se clasificarán en las velocidades mostradas a continuación.

■ VELOCIDADES RÁPIDAS

Se utilizan para fotografiar deportes y acción, así como para realizar contraluces. Las velocidades rápidas van desde 1/500 de segundo, hasta 1/8000 de segundo (equivaldrá a fraccionar 1 segundo, en 500 u 8000 partes).

Es posible que en tu cámara no aparezca 1/500 como tal, sino como 500.

EFECTOS OBTENIDOS CON LAS VELOCIDADES RÁPIDAS

Congelado

Cuando quieras fotografiar un deporte (fútbol, motor, atletismo, etc.), o cualquier movimiento (avión en vuelo, ola chocando contra el rompeolas...), las velocidades que tendrás que usar serán *rápidas* o *cortas*, porque con ellas podrás congelar a un sujeto o motivo, haciendo que parezca que por un momento se haya detenido el tiempo. De esta manera, captarás perfectamente al sujeto u objeto, sin ningún tipo de borrosidad o movimiento. A este efecto se le conoce como congelado.

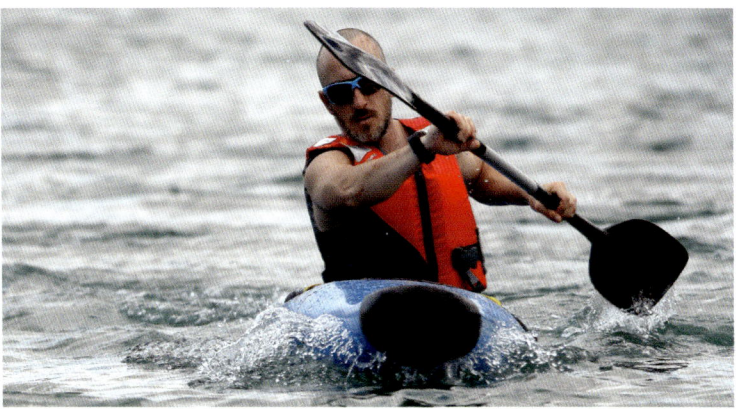

Puedes observar el efecto congelado sobre el agua y el piragüista

1. Trasládate a un parque cercano en compañía de algún conocido tuyo que te servirá como modelo.
2. Selecciona el *programa semiautomático de prioridad a la velocidad* Tv o S.
3. Utiliza un valor ISO de 400 si el día es soleado y un valor de 800 ISO si está nublado, ya que al aumentar mucho la velocidad necesitarás que tu cámara sea más sensible.
4. Coloca el *dial de velocidades* en 1/60s.
5. Indica a tu modelo que dé varios saltos sobre el suelo, y realiza la fotografía cuando se encuentre saltando en el aire.
6. Repite los procesos 4 y 5, pasando por todas las velocidades hasta terminar en 1/1000s.
7. Observa a qué velocidades has logrado congelar.

Contraluz

Una fotografía a contraluz es aquella que se efectúa hacia la fuente de luz. Los contraluces más habituales son aquellos en los que el sol se encuentra enfrente de ti, iluminando directamente hacia tu objetivo.

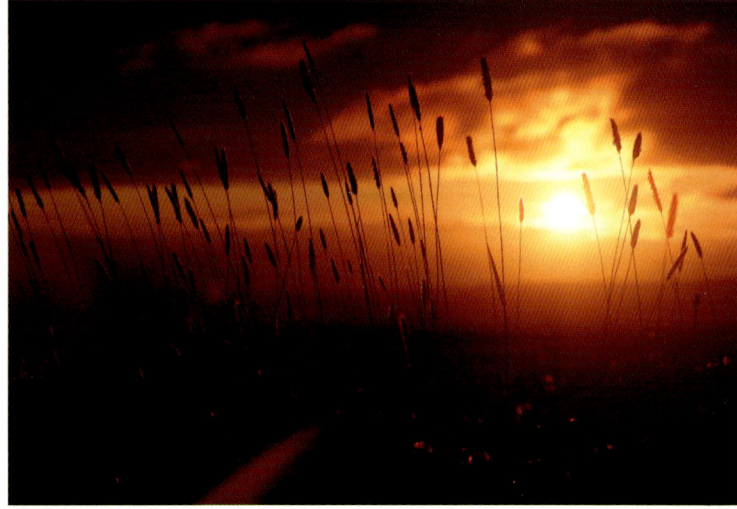

 Seguro que más de una vez has escuchado que las fotografías no hay que tomarlas a contraluz, pues bien, te animo a que hagas caso omiso a las habladurías y ¡comiences a practicar!, observarás cómo los resultados obtenidos de esta manera son muy llamativos, porque los sujetos y objetos que se encuentren delante de la fuente de luz, se mostrarán silueteados (es decir, sin textura ni ningún tipo de detalle).

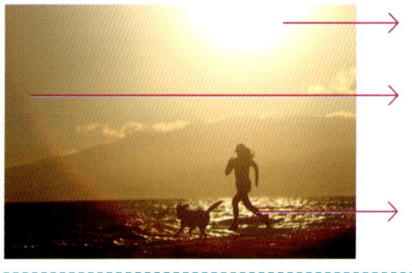

→ **La luz del sol incide directamente en el objetivo**

→ **Es normal que existan reflejos o brillos, llamados *flare***

→ **Al estar a contraluz, los sujetos y objetos aparecen como siluetas, sin apenas textura**

■ VELOCIDADES LENTAS

Las velocidades lentas son aquellas inferiores a 1/30 de segundo, como por ejemplo: 1/15, 1/8, 1/4, 1/2, 1", 2", 4", 8", etc.

El uso de estas velocidades va asociado al empleo del trípode, monopie, o cualquier otro tipo de apoyo, porque te será imposible sostener la cámara durante dichos segundos sin evitar que tu pulso afecte a la toma.

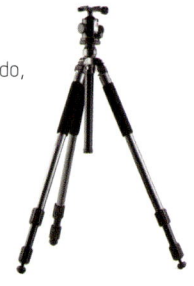

EFECTOS OBTENIDOS CON LAS VELOCIDADES LENTAS
Borrosidad o *efecto seda*
Si al contrario que con el congelado, lo que quieres reflejar es borrosidad o movimiento en los objetos a fotografiar, lógicamente, lo que tendrás que emplear serán velocidades de obturación lentas.

Empleando dichas velocidades para fotografiar el agua en movimiento, puedes conseguir el deseado *efecto seda*, que seguramente habrás visto en infinidad de fotos de paisaje.

Esta borrosidad también puede aplicarse a las luces, la arena, etc., consiguiendo efectos también muy llamativos.

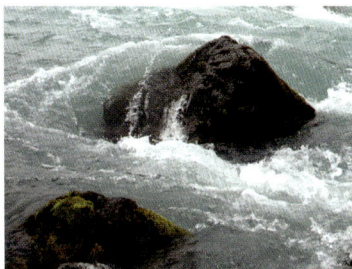 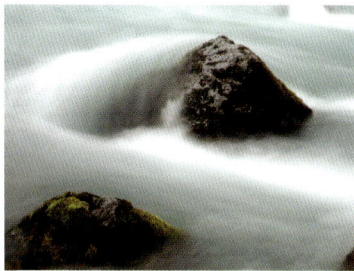

Efecto congelado   *Efecto seda*

1. Busca una fuente, río o cascada, al atardecer o en sombra.
2. Selecciona el *programa semiautomático de prioridad a la velocidad Tv* o *S.*
3. Utiliza un valor ISO de 100, (como vimos en el tema 7, al emplear velocidades lentas, es recomendable seleccionar un ISO bajo, para que la fotografía no quede sobrexpuesta).
4. Realizar la fotografía a 1/30s.
5. Repite el proceso 4, disparando con velocidades inferiores a 1/30s, hasta llegar a 1 segundo.
6. Comprueba a qué velocidades es más pronunciado el *efecto seda*.

Si has realizado la misma práctica con abundante luz (y no en sombra o al atardecer como te indiqué), habrás podido comprobar que a medida que te acercas al segundo de exposición, la fotografía cada vez queda más clara. Esto es así porque como te enseñaré en el tema 11, para fotografiar un *efecto seda* a plena luz del día, necesitarás hacerlo con la ayuda de un filtro de densidad neutra, ya que en caso contrario, quedará siempre sobreexpuesta.

Mayor captación de luz
Existen situaciones en las que la luz de la escena a fotografiar es casi inexistente (como sucede en las fotografías de interior o en las nocturnas), por lo que tendrás que

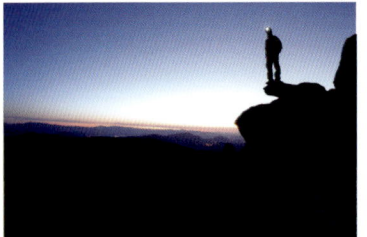

usar velocidades lentas, que te permitan captar durante más tiempo la poca luz que haya en el ambiente.

En función de la cantidad de luz que exista en la escena, tendrás que ajustar una u otra velocidad, y la fotografía tardará más o menos en crearse.

 En el capítulo 7, ya vimos que en los casos de poca luz siempre será mejor utilizar velocidades lentas que seleccionar un valor de ISO elevado, pues aportaría mucho ruido en las partes oscuras de la fotografía.

 Te recomiendo que para realizar la práctica que te indico a continuación, salgas a la calle justo en el momento de anochecer y las luces de las farolas y monumentos comienzan a encenderse, porque las fotografías tomadas justo a 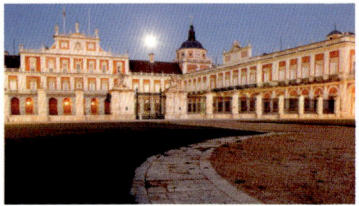 esta hora (llamada *noche americana*), son muy llamativas, el cielo aún no ha oscurecido del todo, y contrasta con la iluminación recién encendida.

1. Sal a la calle al anochecer y coloca tu cámara sobre el trípode (o en su defecto sobre cualquier otro de los apoyos vistos en el tema 3).
2. Selecciona el programa semiautomático de prioridad a la velocidad Tv o S.
3. Utiliza un valor ISO de 100, (porque como te enseñé en el tema 7, dado que el ruido es más evidente en las zonas oscuras, a estas horas es preferible que tu cámara sea muy poco sensible).
4. Comienza a realizar la fotografía en 1/30s y baja hasta 1s o 2s.

Enfoque – Desenfoque

Para conseguir una fotografía con gran profundidad (imagínate un paisaje en donde todo esté enfocado, desde el plano más cercano a ti, hasta la montaña del fondo), tendremos que cerrar mucho el diafragma (según te explicaré en el tema 12, el diafragma no sólo afecta

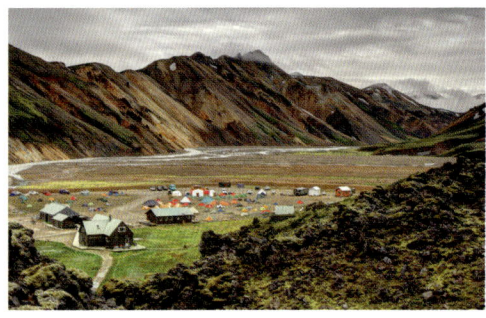

en el paso de luz, sino que también en la nitidez de tus fotografías, cuanto más cerrado, más nitidez) y como consecuencia, aunque sea a plena luz del día, nuestra cámara recibirá menos luz, por lo que tendremos que usar un tiempo más largo de exposición.

Efecto zoom

Se crea gracias a la modificación manual del zoom durante la toma.

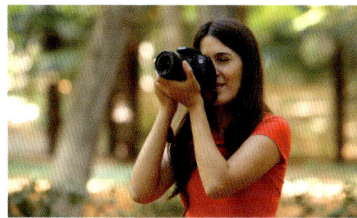 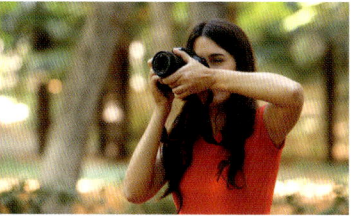

Se utiliza una velocidad lenta, porque desde el momento que pulsas el botón de disparo, hasta que se finaliza la fotografía, tendrás que poder cambiar la posición del zoom.

 Al fotografiar con *efecto zoom*, nada más comenzar la fotografía, la posición del zoom estará en 55 mm, y al finalizarla, estará en 18 mm, por lo que necesitarás una velocidad lenta, que te proporcione tiempo suficiente para realizar dicho movimiento con el dial del zoom.

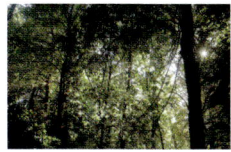 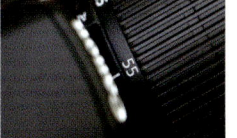 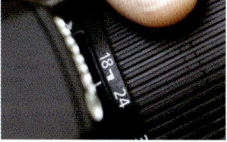

El efecto conseguido sería el mostrado a continuación.

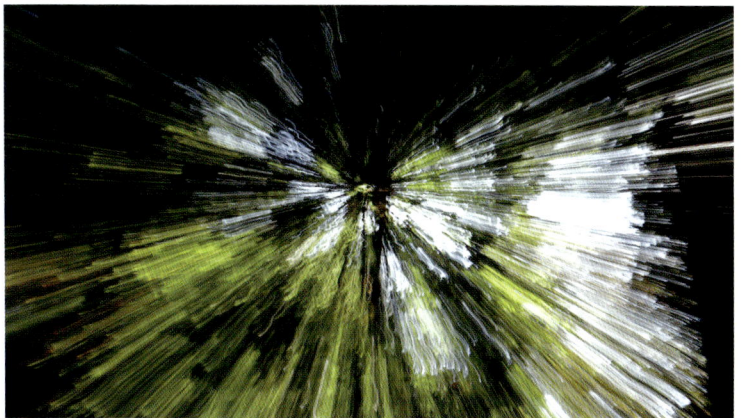

Aunque puedes crear el efecto zoom, cambiando de menor a mayor focal, y viceversa (obteniendo un resultado con cierta similitud pero no idéntico), en general es mucho más visual el movimiento desde focales grandes (55 mm), hacia pequeñas (18 mm).

1. Busca un motivo con luces o con líneas verticales y horizontales.
2. Sitúa la cámara en el trípode o en un apoyo alternativo.
3. Selecciona el *programa semiautomático de prioridad a la velocidad Tv* o *S*.
4. Utiliza un valor ISO de 100, (ya que vas a realizar una exposición lenta, y no necesitas que tu cámara sea muy sensible).
5. Comienza a realizar la fotografía con 1/10s de velocidad y gira el zoom desde que pulses el botón de disparo hasta que se termine.

■ **VELOCIDADES MEDIAS**

Las velocidades medias son también conocidas como *velocidades de seguridad*, porque evitan que las fotografías salgan trepidadas o movidas como consecuencia de disparar a pulso (sin el empleo de trípodes u otro tipo de apoyos).

Las velocidades de seguridad que te ayudarán a evitar la trepidación son: 1/60, 1/125 y 1/250.

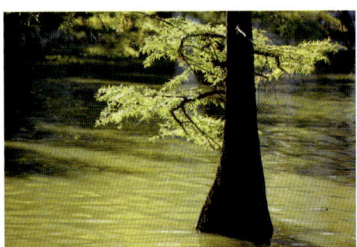

Foto sin trepidación (velocidad media)

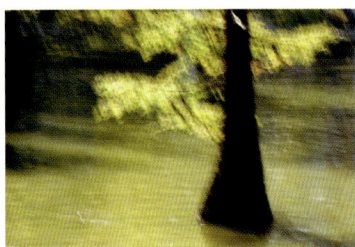

Foto trepidada (velocidad lenta)

EMPLEO DE ESTAS VELOCIDADES MEDIAS
Uso general
Siempre que vayas a realizar fotografías a mano, y no quieras congelar el movimiento ni crear el efecto seda o de borrosidad sobre algún sujeto u objeto, tendrás que emplear las *velocidades medias o de seguridad*.

Empleo del flash
Para poder disparar con flash, tendrás que emplear velocidades medias, porque con

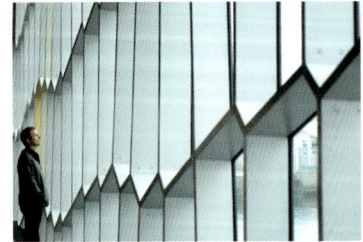

velocidades más rápidas, el obturador no estará abierto durante todo el tiempo que dure el destello del flash, y por lo tanto, no podrá captar la luz emitida por éste (se conocen también como *velocidades de sincronización*).

 En el tema 14, podrás comprobar por ti mismo, cuál es la velocidad máxima de sincronización de tu cámara.

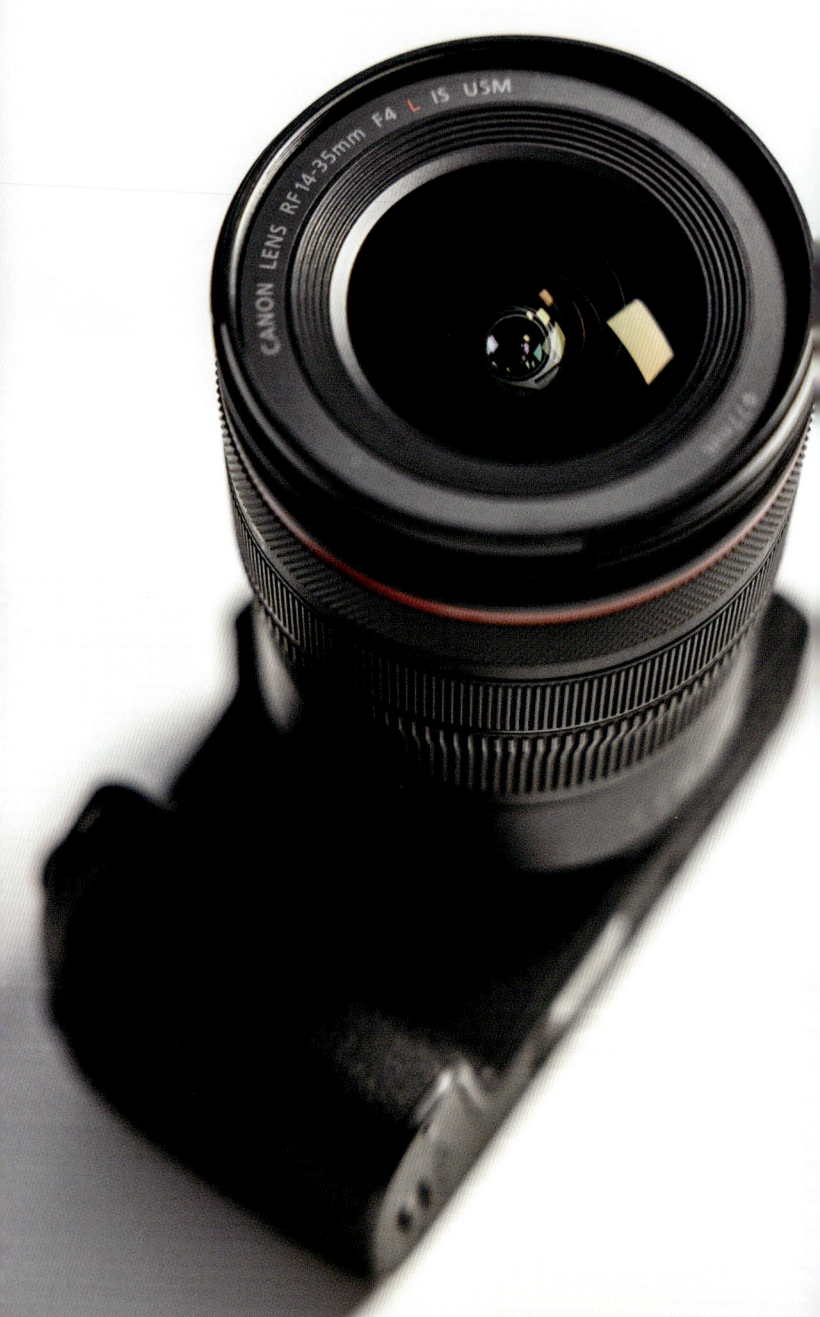

10. Objetivos

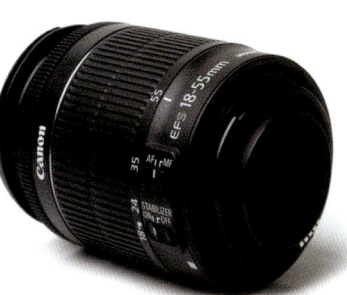

El objetivo es un dispositivo que contiene un conjunto de lentes, el sistema de enfoque y el diafragma.

Su función es la de dirigir la luz que proviene de la escena hacia un soporte fotosensible (sensor de tu cámara), y crear una imagen nítida sobre éste.

Características de un objetivo

■ **LUMINOSIDAD**

Es la capacidad que tiene un objetivo para dejar pasar la luz, y hace alusión al rango de diafragmas que cubre éste (permitiendo un mayor o un menor paso de luz).

Por ejemplo, si tu objetivo tiene una abertura máxima de $f4$, su luminosidad máxima será de $f4$, y de igual manera ocurrirá con la luminosidad mínima, donde se hace referencia al diafragma más pequeño o cerrado, por ejemplo un $f32$.

En los objetivos zoom, esta luminosidad máxima puede ser variable dependiendo del punto del zoom en el que te sitúes.

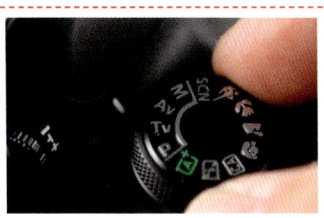

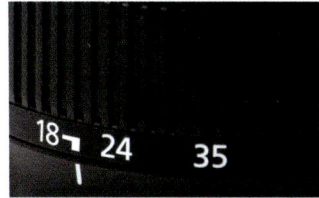

1. Coloca el dial de programas de exposición en *A* o *AV*.

2. Sitúa el zoom en la posición *18 mm*.

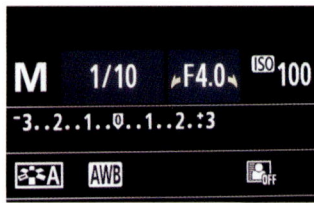

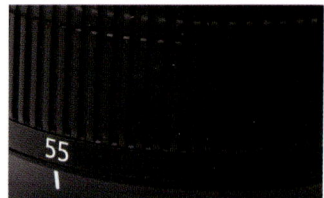

3. Pulsa el botón de disparo a media presión y observa cuál es el diafragma más abierto que puedes seleccionar.

4. Gira el zoom hasta la posición *55 mm*.

5. Pulsa el botón de disparo a media presión y observa cuál es el diafragma más abierto que puedes seleccionar. ¿Ha cambiado el diafragma?, en caso afirmativo, significa que el objetivo no tiene la misma luminosidad máxima para todas las focales.

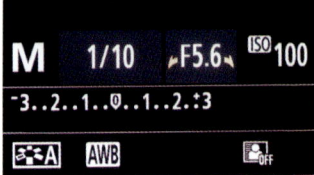

En el caso de un zoom estándar 18-55 mm, éste no tiene un diafragma fijo, pues en la posición 18 mm su diafragma más abierto es un *f* 3,5 o *f* 4, y en la posición 55 mm, es un *f* 5,6. No obstante, existen objetivos que tienen una misma luminosidad para todas las posiciones del zoom, por lo que si al realizar la práctica, tu diafragma no se ha movido, significa que tienes un objetivo de estas características.

Observa a continuación cómo mientras que el objetivo de la primera fotografía tiene una luminosidad máxima de *f* 3,5 en la posición 18 mm del zoom, y una de *f* 5,6 en la posición 55 mm, el objetivo de la segunda fotografía, tiene una luminosidad constante de *f* 4 en todas sus posiciones del zoom (que van desde los 24 mm hasta los 105 mm).

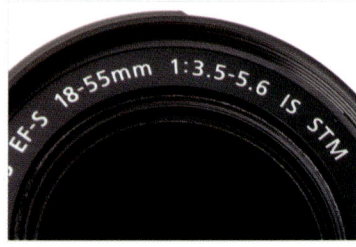

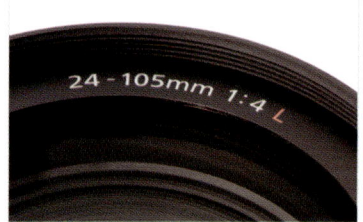

■ **DISTANCIA FOCAL**

La distancia focal de una lente se representa en milímetros, y es la distancia entre el centro óptico de la misma o plano nodal posterior y el foco (o punto focal) cuando enfocamos a infinito.

Si observas tu objetivo podrás ver cómo en el dial de zoom aparecen varios números que representan las focales que éste posee: 18 mm, 24 mm, 35 mm, 55 mm, etc.

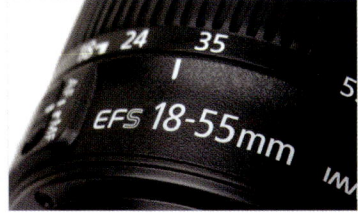

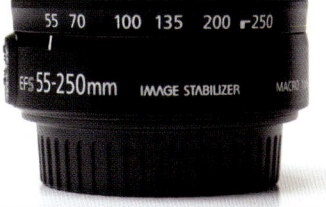

Objetivo de focal variable de 18-55 mm   Objetivo de focal variable de 55-250 mm

ÁNGULO DE VISIÓN EN FUNCIÓN DE LA FOCAL

Cuanto menor sea la focal en la que te encuentres, más ángulo de visión tendrá tu objetivo, y por consiguiente, mayor nitidez en el fondo.

Por lo tanto, cuanto mayor sea la focal, menor ángulo de visión y menor nitidez en el fondo. Con esta focal, estarás más cerca de los motivos a fotografiar.

1. Coloca tu zoom en la posición 18 mm, y mira a través de la lente.
2. Coloca tu zoom en la posición 55 mm, y observa la diferencia.

TIPOS DE OBJETIVOS EN FUNCIÓN DE LA FOCAL

Existen objetivos de focal fija (*fijos*), y objetivos de focal variable (*zoom*). Los *fijos* son aquellos tienen una única longitud focal (por ejemplo 50 mm), y los *zoom*, los que tienen un abanico de focales donde poder elegir (por ejemplo 18-55 mm o 55-250 mm).

La cobertura de visión

Hace alusión al ángulo de visión que cubre el objetivo con una focal determinada, y ésta podrá ir desde los 45° a los 180°.

La cobertura está asociada a la focal y, como se muestra en las siguientes fotografías, cuanto menor sea la focal mayor será el ángulo de visión, por lo que una focal de 18 mm tendrá siempre mayor cobertura que una de 55 mm.

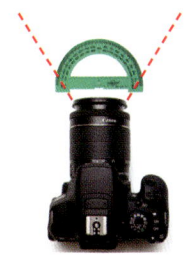

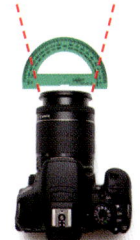

Ángulo de visión 18 mm   Ángulo de visión 55 mm

TIPOS DE OBJETIVOS EN FUNCIÓN DE LA COBERTURA DE VISIÓN

A los objetivos se los clasifica por las focales y por los ángulos de visión de las mismas; de ahí que existan objetivos angulares, medios y teleobjetivos.

Los objetivos angulares se usan frecuentemente para realizar planos generales de la escena (porque al poseer mucho ángulo de visión, captan mejor el ambiente), mientras que los teleobjetivos se utilizan para realizar planos más cerrados, o fotografiar sujetos u objetos lejanos.

Distancia mínima de enfoque

Los objetivos están limitados a la hora de enfocar de cerca, ya que al sobrepasar cierta distancia mínima éstos no son capaces de enfocar.

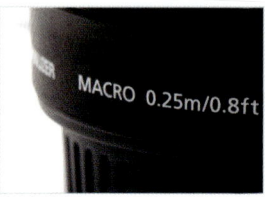

Puedes saber cuál es la *distancia mínima de enfoque* de tu objetivo leyendo la inscripción al respecto que encontrarás expresada en metros.

1. Busca un motivo estático (como pueda ser una flor, un reloj, etc.).
2. Cierra el zoom a 55 mm.
3. Enfoca al motivo a 1 metro.
4. Repite el proceso desde el punto 3, a 50 cm, a 25 cm y a 10 cm, y comprueba si puedes enfocar en todos los supuestos.

Partes del objetivo

■ BAYONETA

Se encuentra tanto en el objetivo como en el cuerpo de la cámara, y es la zona de unión entre ambos. En esta parte es donde se encuentra el haz de luz (lugar por el cual incide la luz hasta el sensor), y donde se alojan los pins de conexión (a través de los cuales, el objetivo y la cámara intercambian información).

Dado que la bayoneta está sometida a mucho desgaste a la hora de poner y quitar el objetivo, el material con el que está construida, es mucho más resistente que el del resto de componentes.

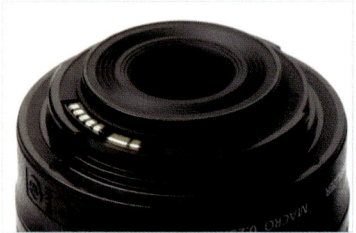

Bayoneta alrededor del haz de luz

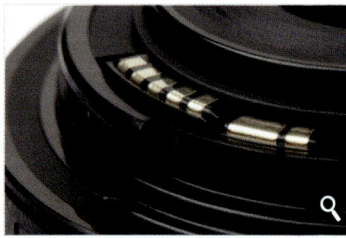

Pins de conexión

Procura mantener limpia la bayoneta, porque al colocar el objetivo sobre la cámara toda la suciedad de aquella se trasladará al interior de esta, pudiendo ocasionar graves averías.

■ PINS DE CONEXIÓN

Son unos pequeños conectores alojados tanto en el objetivo, como en la cámara. Dichos conectores están realizados con metales conductores, ya que su misión es la de intercambiar información (porque el sistema de autofoco y el diafragma, que se encuentran en el objetivo, deben ser controlados desde la cámara).

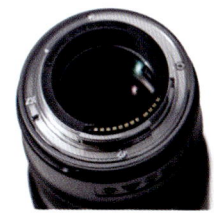

En los objetivos del sistema *mirrorless* se incorporan 12 pines, frente a los 8 tradicionales, mejorando la velocidad de enfoque y la transmisión de datos entre cámara y objetivo.

■ MARCA DE REFERENCIA

Es una marca que está alojada en la bayoneta, que nos indica la posición correcta para colocar el objetivo sobre la cámara.

Dicha marca puede ser de color rojo o blanco, y dependerá de si es un objetivo destinado a una cámara de formato completo o de un formato menor.

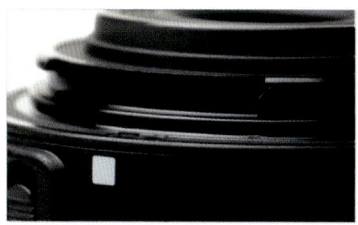
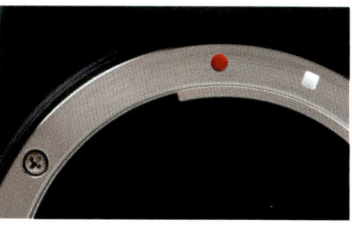

■ BOTÓN DE AUTOFOCO O ENFOQUE MANUAL

Este botón sirve para seleccionar el enfoque automático o manual de tu cámara. Situándolo en la posición *MF*, modificarás las lentes de forma manual mediante el movimiento del anillo de enfoque para obtener nitidez en tus fotografías, mientras que si lo colocas en posición *AF*, la cámara enfocará automáticamente, siempre y cuando previamente hayas pulsado el botón de disparo a media presión.

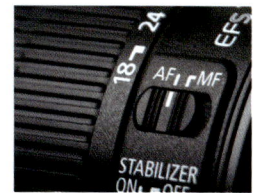

Te recomiendo que por ahora uses tus objetivos en posición *manual*, para, de este modo, ir adquiriendo mayor destreza en el manejo de la cámara al observar el enfoque y desenfoque de los motivos a fotografiar.

■ ANILLO DE ZOOM Y DE ENFOQUE

Mediante estos dos anillos móviles que porta el objetivo, se modifica manualmente tanto el enfoque como la focal del zoom. Podrás diferenciarlos entre sí porque, como normal general, y conforme te muestro en las fotografías de abajo, el anillo de zoom suele tener más superficie que el anillo del enfoque.

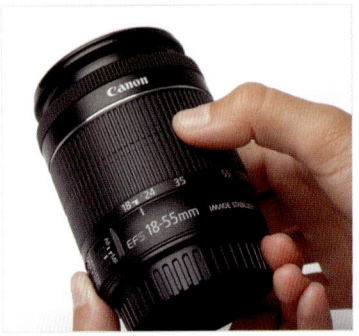

Anillo de zoom

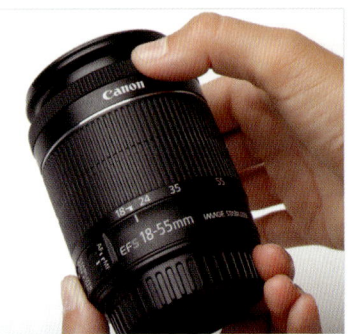

Anillo de enfoque

 Si tu cámara es híbrida, no podrás modificar el *zoom* o el *enfoque* de manera manual mediante los anillos que acabamos de ver sino que tendrás que hacerlo con la función de *zoom* o *enfoque automático*, que se controlan a través de los botones o diales del cuerpo de la cámara.

■ ANILLO O DIAL DE FUNCIÓN

Es un dial que incorporan los objetivos de última generación dedicados para un sistema *mirrorless*. De esta forma te será posible modificar valores como el ISO, el diafragma o la función de sobrexposición y subexposición, cuando trabajes con programas de exposición semiautomáticos. Esta nueva característica permite un flujo de trabajo más ágil, ya que no tendrás que separar la cámara del ojo en ningún momento para seleccionar o modificar un parámetro.

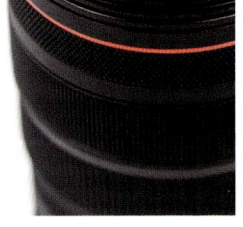

■ ESTABILIZADOR DE IMAGEN

Sirve para evitar las vibraciones que genera tu pulso al realizar una fotografía a mano por debajo de velocidades de 1/60s (por ello, te recomiendo que lo utilices siempre que dispares con velocidades de 1/30s o 1/15s).

Para poder usarlo, previamente tendrás que haber seleccionar ON en el botón del estabilizador, y justo antes de sacar la fotografía tendrás que pulsar el botón de disparo a media presión para activarlo (porque una vez que se activa su duración es de unos segundos y, por lo tanto, hay que volver a activarlo antes de cada toma).

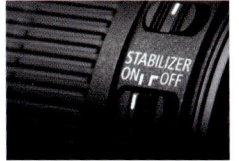

 En un sistema *mirrorless* hay cámaras que disponen de un sensor estabilizado, por lo que la combinación de la estabilización entre cámara y objetivo se convierte en una herramienta de gran importancia para evitar vibraciones.

 En caso de disponer de un objetivo con estabilizador:

1. Seleccionar *ON* en el botón del estabilizador.
2. Selecciona el programa *semiautomático de prioridad a la velocidad Tv* o *S.*
3. Coloca tu cámara en 100 ISO si estás en exterior (a ser posible en sombra), o en 400 - 800 ISO si estás en interior.
4. Pulsa el botón de disparo a media presión para activar el estabilizador.
5. Dispara con una velocidad inicial de 1/60 s.
6. Repite los procesos 4 y 5 con las siguientes velocidades: 1/30 s, 1/15 s, 1/8 s, 1/4 s.
7. Realiza la misma práctica seleccionando OFF en el botón del estabilizador.
8. Visualiza las fotografías en el ordenador o en tu cámara (con la máxima ampliación) y observa en cada caso (con y sin estabilizador), a partir de qué velocidades existe trepidación en tus fotografías.

■ **PARASOL**

Es un accesorio que se coloca en la parte delantera del objetivo y que se utiliza para evitar brillos o destellos producidos por la luz directa del sol, o de otra fuente de iluminación sobre el objetivo. Está realizado en plástico, y su interior es negro mate para evitar cualquier posible brillo que pudiera transmitirse a la fotografía.

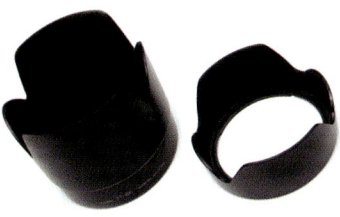

 Ten en cuenta que el parasol no es un accesorio estándar, cada objetivo necesita un parasol específico, con una longitud y un diámetro acordes al objetivo que estés usando. Si no lo trae de serie, puedes adquirir uno para ese modelo en concreto.

■ **DIÁMETRO DEL OBJETIVO**

Se mide en mm y viene representado en la parte frontal del objetivo, o en el cuerpo del mismo con el icono Φ.

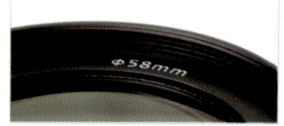

 No todos los objetivos tienen el mismo diámetro (siendo los más comunes de 50 mm y 80 mm), por lo que éste es un valor a tener en cuenta a la hora de colocar un filtro o un parasol, ya que ambos tendrán que ser del mismo tamaño.

Tipos de objetivos

Como te mostré anteriormente, la distancia focal y la cobertura de visión son las características responsables de la catalogación de los objetivos, pudiendo ser angulares, medios, y teleobjetivos.

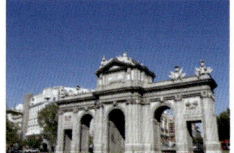
18 mm

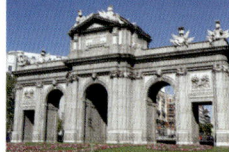
24 mm

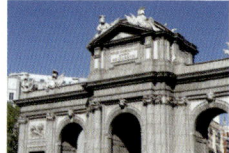
55 mm

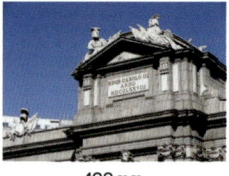
100 mm

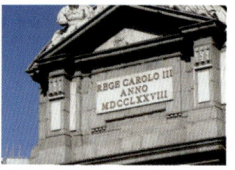
200 mm

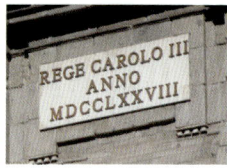
400 mm

■ **ANGULARES**

Estos objetivos tienen una gran cobertura de visión, su rango de focales comprende desde los 18 mm hasta los 24 mm.

Al cubrir tanto ángulo de visión, suelen aplicar una distorsión a las imágenes que se refleja sobre todo en los bordes de las fotografías. Se utilizan para fotografía de paisaje, industrial, urbana (no arquitectónica, pues los edificios aparecen torcidos)

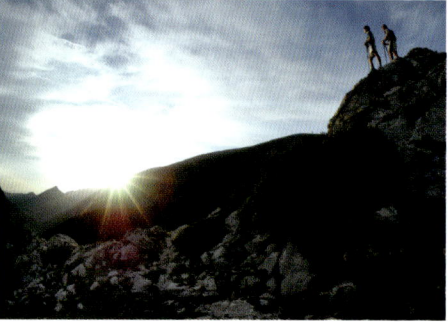

y en general, para realizar planos abiertos de localizaciones. Resultan perfectos para llevar contigo en viajes y para hacer turismo.

■ MEDIOS

Se caracterizan por tener menor cobertura de visión que los objetivos angulares, sus focales van desde los 30 mm a los 60 mm. Son objetivos que proporcionan un ángulo de visión similar al del ojo humano.

Su uso más común es en fotografía social, de espectáculo y de viaje (pudiendo también probar a realizar retratos en la posición 55 mm, aunque lo mejor sería realizarlos con un 70 mm).

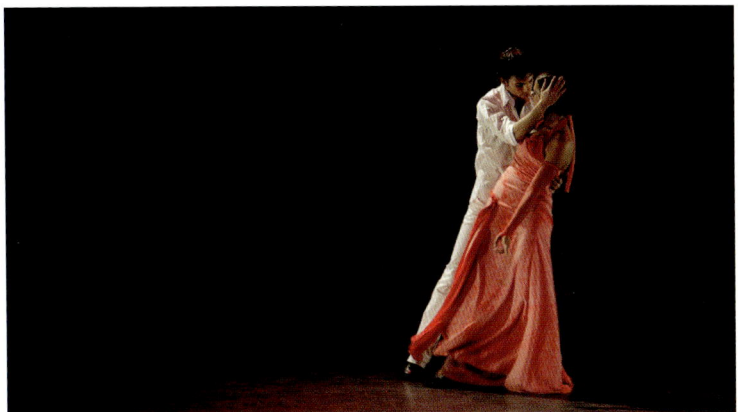

■ TELEOBJETIVOS

Su nombre proviene del telescopio que en su día se creó para que el hombre se pudiera acercar a la luna mediante lentes, y ahora, gracias a los teleobjetivos, te puedes acercar a los sujetos u objetos.

A su estrecho ángulo de visión, se le suman grandes focales que pueden ir desde 70 mm hasta 600 mm.

Es importante reflejar que, a diferencia de los objetivos angulares, no crean ninguna distorsión en los motivos a fotografiar, por tanto los sujetos y objetos se representan en las fotografías de forma natural y objetiva.

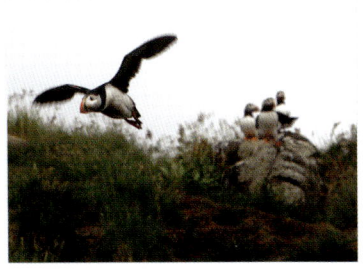

Se utilizan en la fotografía deportiva, de naturaleza, moda y astronómica.

■ OBJETIVOS ESPECIALES
OJO DE PEZ

Este objetivo ofrece, gracias a su construcción específica de lentes, un ángulo de visión de 180º. A consecuencia de poseer un ángulo de visión tan abierto, aporta a las imágenes una distorsión muy agresiva en los extremos, abombando y estirando los elementos que se encuentren cercanos a las esquinas de la fotografía. Se suele utilizar con fines artísticos y en fotografía de acción o extrema.

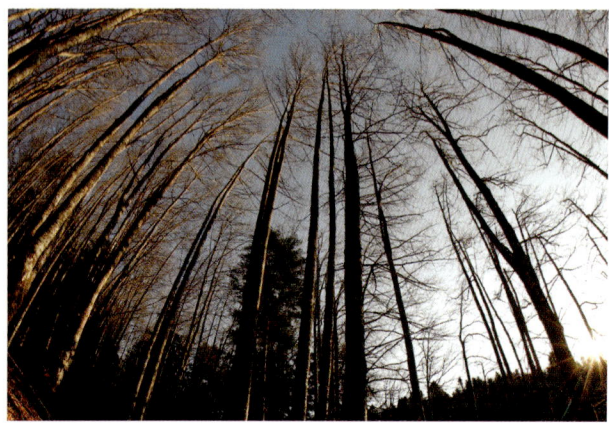

Bosque fotografiado con un ojo de pez

En las siguientes imágenes puedes ver, cómo la distorsión provocada por el ojo de pez se hace muy aparente en los árboles de la primera fotografía y en la Catedral de Burgos de la segunda.

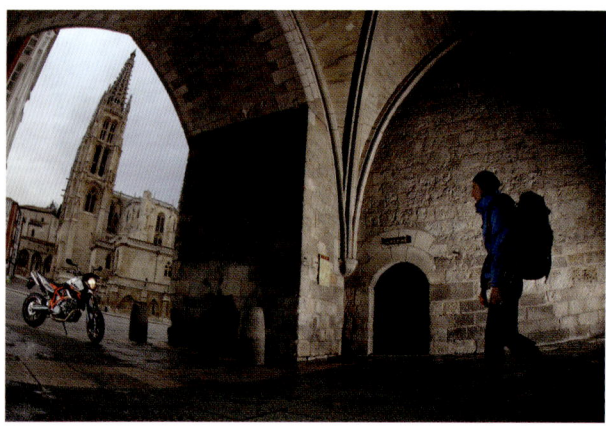

Paisaje urbano fotografiado con ojo de pez

A pesar de la distorsión que provoca este objetivo, lo cierto es que, con otro tipo no se conseguiría tanto ángulo de visión desde donde poder fotografiar a un árbol tan de cerca, de abajo hacia arriba, o representar Burgos desde dentro de un callejón.

OBJETIVO MACRO

Como ya te he mostrado al inicio del tema, los objetivos están limitados a la hora de enfocar de cerca, porque al sobrepasar cierta distancia mínima éstos no son capaces de enfocar.

Todos los objetivos no tienen la misma distancia mínima de enfoque, por lo que la peculiaridad de los macro, es que permiten traspasar la distancia mínima de enfoque de la mayoría de ellos, para acercarse más a los motivos a fotografiar.

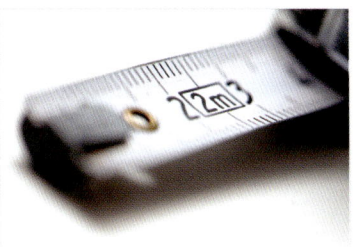 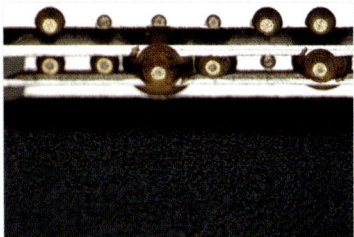

Detalle de un metro y una llave

En su mayoría, los objetivos macro son de focales fijas (los más usados son el 50 y el 100 mm), y con ellos podrás disparar a una distancia mínima de enfoque de tan solo 15 o 30 cm, a la vez que lograrás realizar grandes ampliaciones de los mismos.

Para que lo entiendas mejor: En un objetivo 100 mm que no sea macro, la distancia mínima de enfoque será de 1,2 m, y para poder lograr al sujeto enfocado, tendrás que situarte lejos de él, y no podrás realizar una gran ampliación. A diferencia, un objetivo 100 mm macro te permitirá enfocar a 30 cm, y el nivel de ampliación, al estar más cerca del sujeto, será mucho mayor.

JAPAN

Digital Filter

CIRCULA

11. Filtros

El filtro es una lámina de vidrio transparente, o con una cierta opacidad, que modifica en mayor o menor medida la luz que atraviesa el objetivo. Su forma es circular y está acoplado a un aro metálico con un diámetro similar al del objetivo sobre el cual va a ser utilizado.

En su parte inferior posee una rosca que permite su colocación delante de los objetivos, como te muestro en las fotografías.

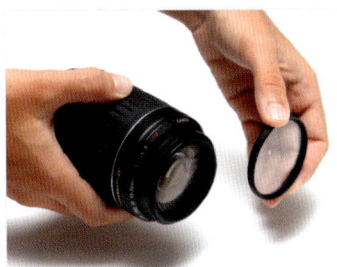 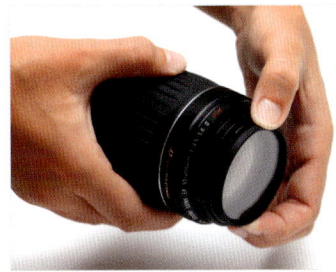

 Es importante que a la hora de adquirir un filtro, observes previamente cuál es el diámetro de tu objetivo que se mide en milímetros, y viene representado en la parte frontal, o en el cuerpo del mismo, con el icono Φ.

Tipos de filtros

A continuación te muestro las características y los usos de los diferentes tipos de filtros, que tendrás que tener en cuenta a la hora de la toma de tus fotografías.

■ **FILTRO PROTECTOR (*UV* O *SKYLIGHT*)**

La función principal del *UV o Skylight,* es la de proteger la lente (de ahí que también se le conozca como *filtro protector*), y su otra función es la de filtrar la radiación ultravioleta, sin apenas interferir en la fotografía gracias a su escasa opacidad.

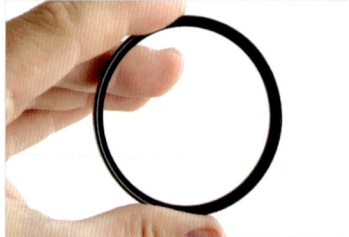

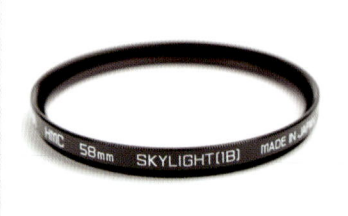

El uso del filtro *Skylight*, es una práctica muy habitual entre los fotógrafos *amateur* y los profesionales, pues evita que la lente frontal del objetivo pueda arañarse, afectando seriamente al resultado final de la fotografía.

En esta imagen, puedes ver el golpe que ha absorbido el filtro protector, que de no haber estado, lo hubiera recibido por completo la lente del objetivo.

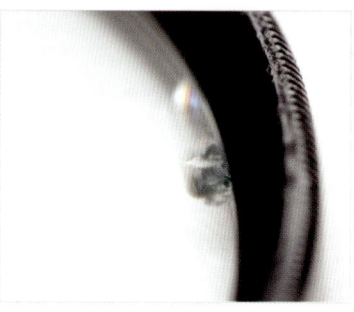

 Existen objetivos, como el mostrado en la fotografía, que por la construcción de sus lentes no permiten alojar un filtro en su parte delantera (suelen ser objetivos angulares de 8mm a 15mm de focal), por lo que si dispones de alguno de ellos, cuídalos con especial cariño, para que sus lentes no se arañen o se piquen.

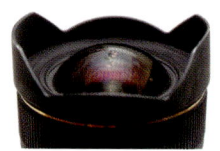

■ FILTRO DE DENSIDAD NEUTRA (ND)

La misión del *filtro de densidad neutra*, es la de reducir el paso de luz y por ello, el vidrio que porta tiene una densidad mayor que la de un *filtro protector*. Puedes

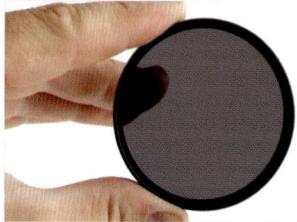

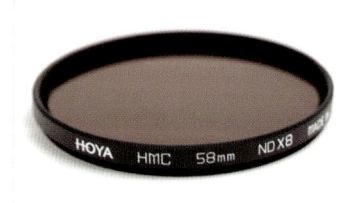

encontrar *filtros ND* con mayor o menor opacidad, que restarán más o menos pasos de luz, dependiendo de la cantidad de ella que necesites quitar. Algunos fabricantes especifican la intensidad de los filtros como ND2, ND4 o ND8 (asociando éstos a un diferente % de transmisión de luz, llegando a reducir 1, 2 o 3 pasos).

Estos filtros están especialmente recomendados en las fotografías de largas exposiciones o con días muy luminosos, en las que podrás limitar fácilmente la cantidad de luz.

En la siguiente fotografía comprobarás cómo, gracias al uso del filtro de densidad neutra, se puede realizar una exposición de mayor tiempo, sin que la imagen quede sobreexpuesta (como ocurre en la fotografía mostrada, en las partes de la imagen que se encuentran fuera del filtro).

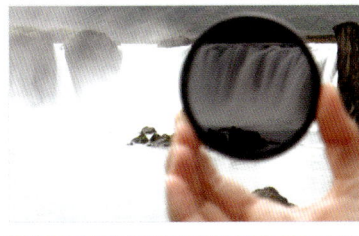

 Ten en cuenta que hay fotografías que te sería imposible realizar sin el empleo de un filtro ND. Este es, por ejemplo, el caso de un efecto seda de una cascada de agua a plena luz del día (recuerda que para ello tienes que emplear una velocidad lenta de obturación), porque incluso con un valor bajo de ISO, y un valor elevado de diafragma, la imagen saldría quemada o sobrexpuesta a causa de la gran cantidad de luz.

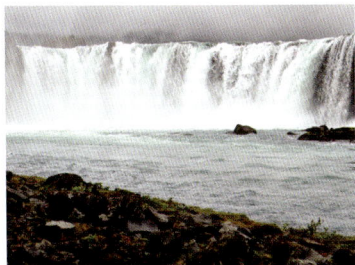

Sin filtro ND. Velocidad de obturación: 1/30 s Diafragma: *f* 22. ISO: 100

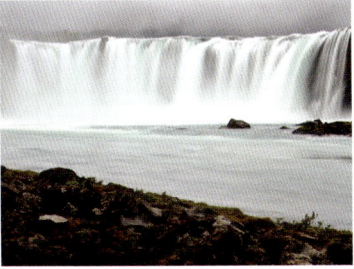

Con filtro ND 4 pasos. Velocidad de obturación: 0,5 s. Diafragma: *f* 22. ISO: 100

Como puedes observar en la fotografía de la izquierda, y según hemos explicado antes, sin el empleo del filtro ND, ha sido imposible realizar el efecto seda, mientras que en la de la derecha, el uso del filtro ND ha permitido fotografiar con dicho efecto.

1. Paso de luz: De 1/30 s a 1/15 s
2. Paso de luz: De 1/15 s a 1/8 s
3. Paso de luz: De 1/8 s a 1/4 s
4. Paso de luz: De 1/4 s a 0,5 s

Si dispones de una cámara híbrida, el filtro ND te será de gran ayuda, porque en éste tipo de cámaras el diafragma de serie no cierra a más de $f8$ u $f11$ (es decir, casi 3 diafragmas menos que el diafragma más cerrado de una cámara réflex), por lo que en estos casos, el filtro de densidad neutra es muy útil a la hora de restar luz en cualquier situación.

■ FILTRO POLARIZADOR

El filtro polarizador se diferencia del resto de filtros en que su aro metálico se divide en dos: en uno inferior que se enrosca a la lente, y en uno superior, que porta el vidrio y que gira de manera independiente.

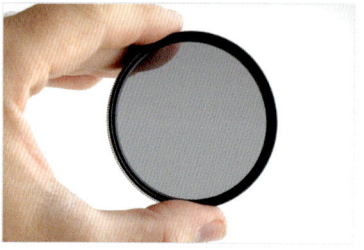

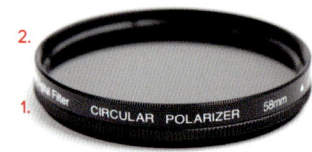

1. Aro inferior roscado, que encaja con el objetivo
2. Aro superior móvil, que porta el vidrio

Este tipo de filtros se emplean para oscurecer el cielo, controlar reflejos sobre el agua y el vidrio, y saturar los colores. Estos efectos los consigue mediante una

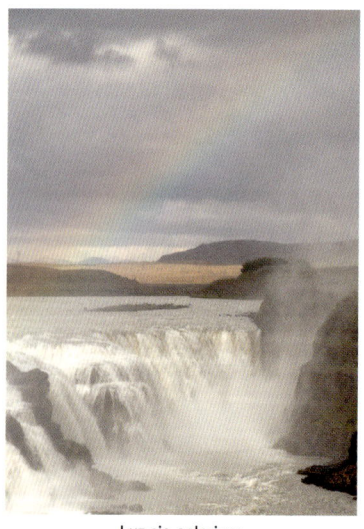

Luz sin polarizar

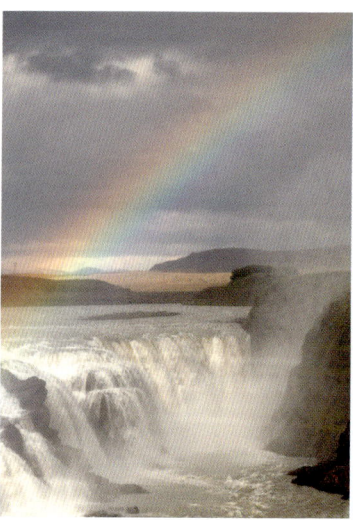

Luz polarizada

estructura molecular o cristalina del vidrio que permite, o no, el paso de la luz en unos determinados ángulos que pueden ser modificados mediante el giro de la estructura móvil.

Como puedes observar, en estas fotografías, se ha conseguido saturar o resaltar los colores del arcoíris, mediante el empleo del polarizador.

Dado que el polarizador tiene una leve opacidad neutra, restará un pequeño porcentaje de la entrada de luz al sensor (aunque no tanto como un filtro *ND*, pues normalmente evita un paso de luz como máximo).

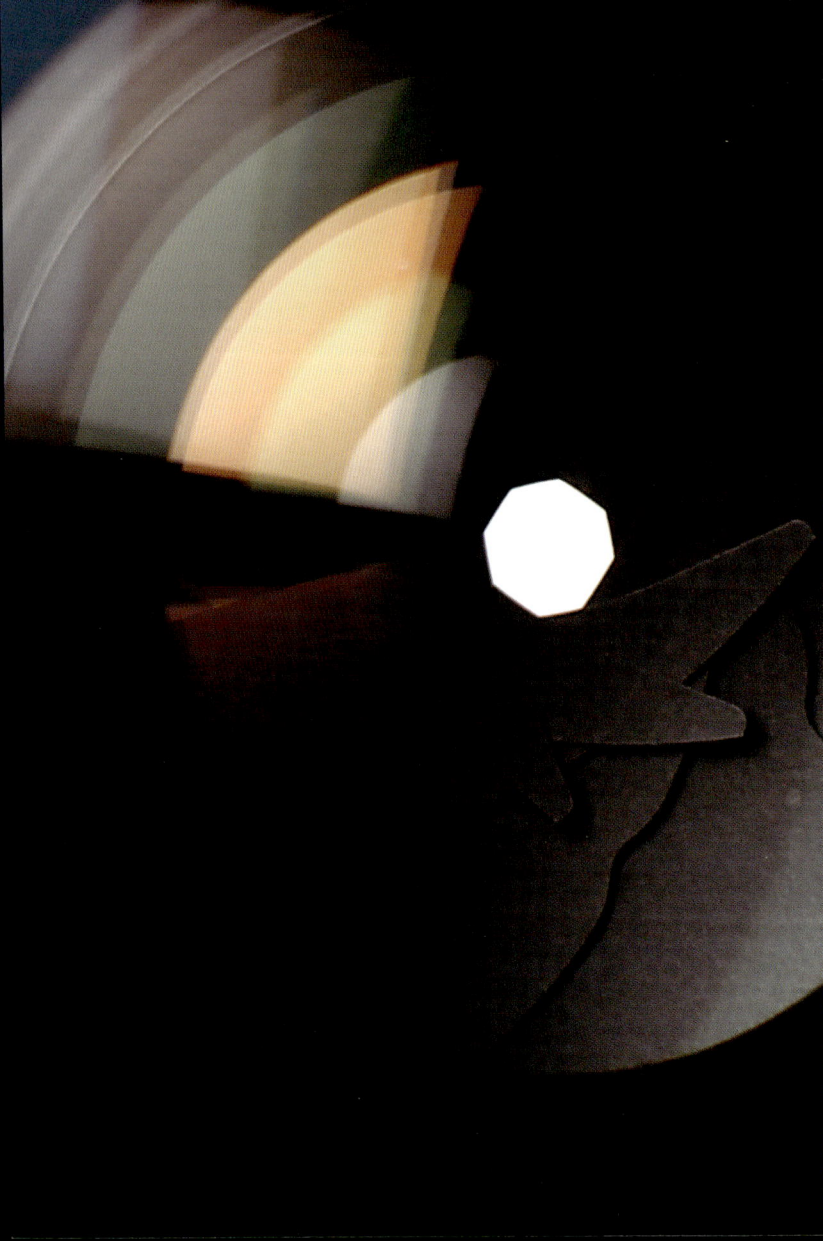

12. Diafragma y profundidad de campo

Tras leer este capítulo, entre otras cosas, serás capaz de realizar retratos con el fondo muy desenfocado concediendo un gran protagonismo al sujeto que fotografíes, y podrás crear paisajes con gran profundidad y nitidez.

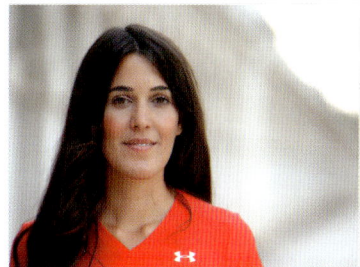 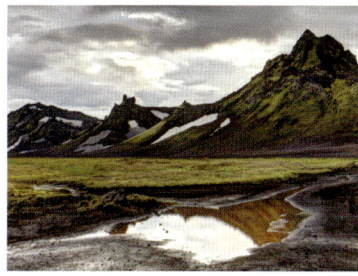

Diafragma

El diafragma es una réplica mecánica del iris del ojo humano, construido a partir de unas finas láminas metálicas que se abren y cierran de dentro hacia fuera, para controlar el paso de la luz al interior del sensor, en función de la iluminación que existe en la escena.

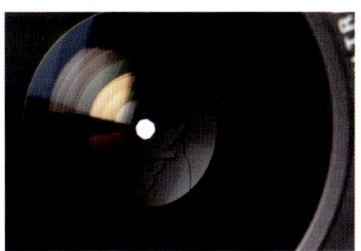 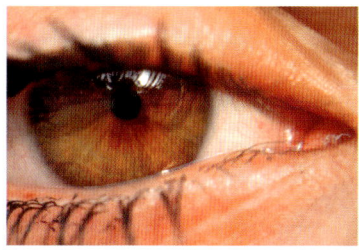

Este mecanismo, se sitúa en el interior del objetivo (a diferencia del obturador, que si recuerdas, se localizaba en el cuerpo de la cámara).

■ RELACIÓN CON EL OBTURADOR Y EL ISO

El diafragma determina la cantidad de luz que llega hasta el sensor, permitiendo un mayor o menor paso de luz durante un periodo de tiempo establecido por el obturador. El control que ejerce sobre la exposición, hace que sea uno los pilares fundamentales de la fotografía junto con el obturador y el ISO.

En el siguiente ejemplo, podrás ver cómo se puede controlar la cantidad de luz que le llega al sensor, abriendo o cerrando el diafragma, sin necesidad de variar el ISO o el obturador.

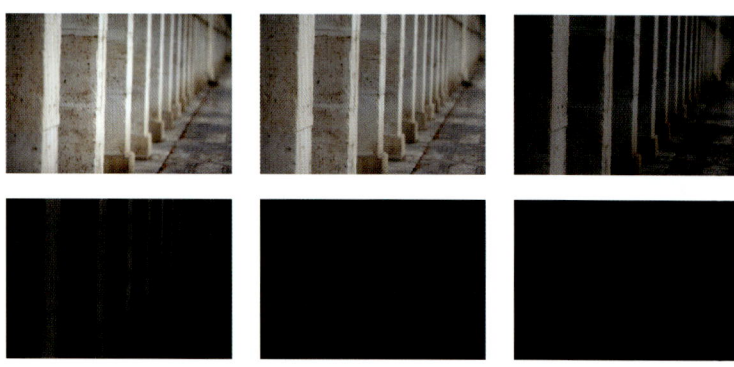

Para que lo entiendas mejor, a continuación te muestro un pequeño símil. Imagínate que vas a llenar 3 botellas de agua de 1 litro cada una, con tres embudos que poseen orificios de entrada de tamaños diferentes entre sí; lógicamente, llenarás antes la botella con el embudo del orificio mayor, y tardarás más, en llenar la botella con el embudo de orificio menor. Por lo tanto, si en vez de agua, pensamos en luz y en vez de un embudo, en un diafragma, el que más apertura tenga, destinará un tiempo menor en realizar este cometido. Por ello, cuanto más abierto se encuentre el diafragma, mayor caudal de luz permitirá pasar al sensor, y menor tiempo de exposición tendrás que usar.

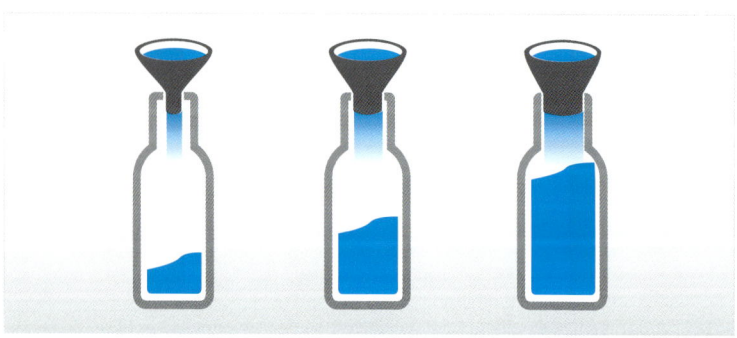

Diafragma y profundidad de campo

Como ves, el diafragma, no sólo modifica la intensidad de luz que le llega al sensor, sino que de él depende directamente los posibles usos de las velocidades de obturación. Pues, en general, cada modificación que realices sobre el diafragma, tendrá consecuencia en el obturador, y viceversa.

■ VALORES DEL DIAFRAGMA

El diafragma se encuentra asociado a unos determinados valores, que representan la abertura del mecanismo. A dichas aberturas también se las conoce como *números f*, y están organizadas en una serie estándar, donde cada *número f* deja pasar la mitad de luz que el punto anterior y el doble que el punto posterior.

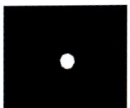  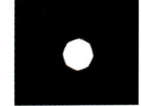 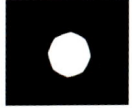 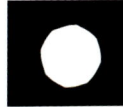

 La abertura máxima, corresponde al menor *número f*, mientras que la mínima abertura, corresponde al mayor *número f*. Por ello, recuerda que, a menor abertura, mayor es el valor del *número f*.

CATALOGACIÓN DE LOS DIAFRAGMAS

Los diafragmas se clasifican en abiertos, medios y cerrados de la siguiente forma.

Abiertos			Medios	Cerrados			
f 2,8	f 4	f 5,6	f 8	f 11	f 16	f 22	f 32

 Las cámaras híbridas, no disponen del mismo número de diafragmas que una cámara réflex, sino que su rango de diafragmas suele ir desde el f 2,8 hasta el f 8; por lo que si dispones de una cámara de estas características, cíñete a tu escaleta de diafragmas en las prácticas que te propongo a lo largo del tema.

 Cuando realices la prueba que te indico a continuación, así como las sucesivas de este tema, tendrás que tener en cuenta que el indicador de exposición deberá estar en el centro de la escaleta del fotómetro, y si estando en el cero la fotografía quedara clara u oscura, deberás mover el indicador de exposición, medio punto arriba o abajo hasta obtener una exposición correcta.

 Ahora, te voy a enseñar cómo modificar el diafragma en tu cámara:

1. Enciende la cámara.
2. Coloca el *dial de programas de exposición* de tu cámara, en el *programa semiautomático AV o A.*

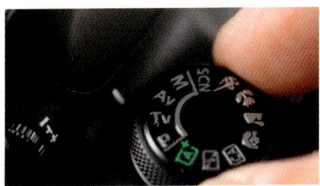

3. Mueve el *dial de diafragmas*, desde *f* 5,6 hasta *f* 22 y verás cómo entre los dos, hay más valores además del *f 8, f 11* y *f* 16 indicados en la tabla de antes. Estos valores intermedios son los denominados *tercios de diafragma*.

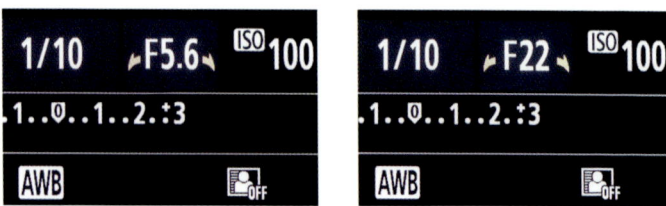

 Dependiendo de la marca y modelo de tu cámara, el *dial de diafragmas* estará al lado del botón del disparador (en la parte superior), o en la parte trasera del cuerpo de la cámara.

Profundidad de campo

Es la nitidez aparente detrás del punto de enfoque, y se rige por tres parámetros como son: la *abertura de diafragma*, el *tipo de objetivo* y la *focal* (mm) que utilices.

- Cuanto más abierto esté el diafragma, menor *profundidad de campo* (nitidez en el fondo) tendrá la imagen.

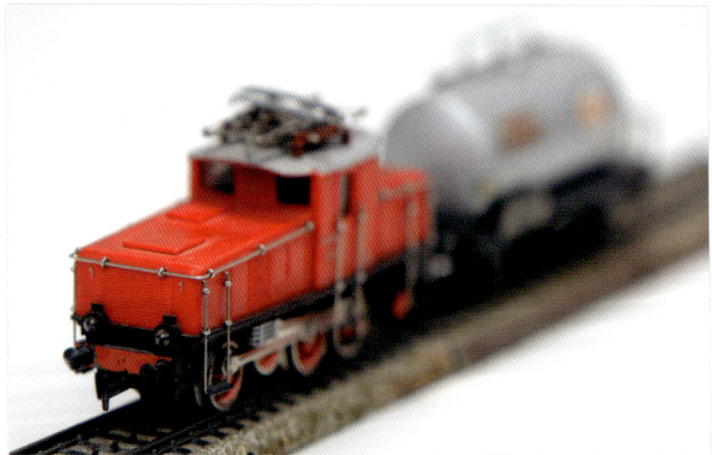

Tomada con *f* 4

- Cuanto más cierres el diafragma, mayor profundidad de campo (nitidez en el fondo) tendrá la imagen.

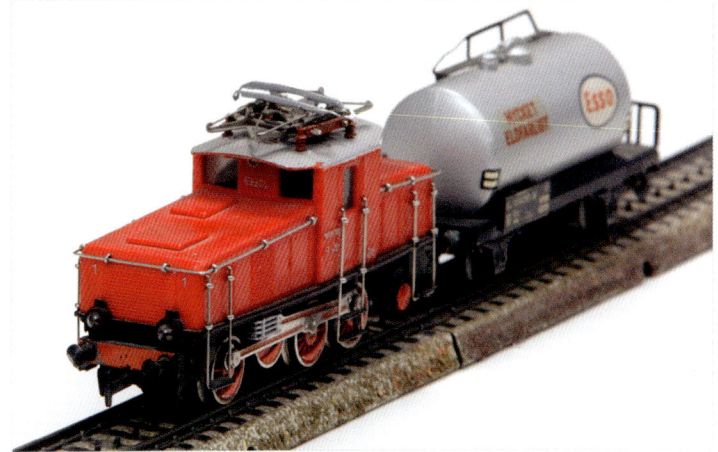

Tomada con *f* 16

Al comparar las dos imágenes anteriores (realizadas con el zoom de la cámara en posición 55 mm), puedes ver que la primera, al estar disparada con una abertura de diafragma muy grande, ofrece muy poca profundidad de campo a la imagen. Sin embargo, la segunda, que está tomada con un diafragma muy cerrado, ofrece más profundidad.

 Por tanto, una fotografía a *f* 4, tendrá menor profundidad de campo que una fotografía disparada a *f* 16.

■ **BOTÓN DE PREVISUALIZACIÓN DE LA PROFUNDIDAD DE CAMPO**

Para que puedas observar a través de tu visor con una luminosidad aceptable, el diafragma se encuentra siempre abierto al máximo, hasta que en el momento del disparo se cierra a la abertura que hayas seleccionado. La apariencia final de la fotografía será diferente de la visualizada durante la toma. Con objeto de evitar sorpresas inesperadas, te recomiendo que emplees el *botón de previsualización de la profundidad de campo*.

Este botón se encuentra en la parte inferior delantera de la cámara, justo debajo del objetivo, y al pulsarlo, la cámara cerrará automáticamente el diafragma para emular cómo quedará tu fotografía.

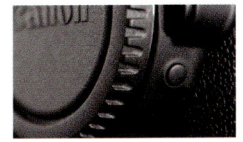

 Al realizar esta acción, es posible que la imagen se oscurezca, o que la profundidad de campo se haga más evidente, porque la cámara habrá cerrado o abierto el diafragma en función del valor que hayas determinado para tu exposición.

Ten en cuenta, que con valores muy bajos de *f*, casi no habrá diferencia entre lo visualizado a través del visor antes y después de presionar el *botón de previsualización de la profundidad de campo* porque, de por sí, la cámara tendrá abierto al máximo el diafragma, y por lo tanto, ya estará mostrándote desde un principio la realidad de la toma.

■ **RELACIÓN ENTRE LA PROFUNDIDAD DE CAMPO Y LA FOCAL DEL OBJETIVO**

A la profundidad de campo no sólo le afecta el diafragma que uses, sino que también le afecta el objetivo que emplees. Por ello, tienes que tener en cuenta lo siguiente:

- Cuanta menor sea la posición del zoom o focal de tu objetivo (por ejemplo 20 mm), mayor profundidad tendrá tu imagen, pues estarás realizando un plano abierto, que de por sí conlleva mayor profundidad y amplitud.

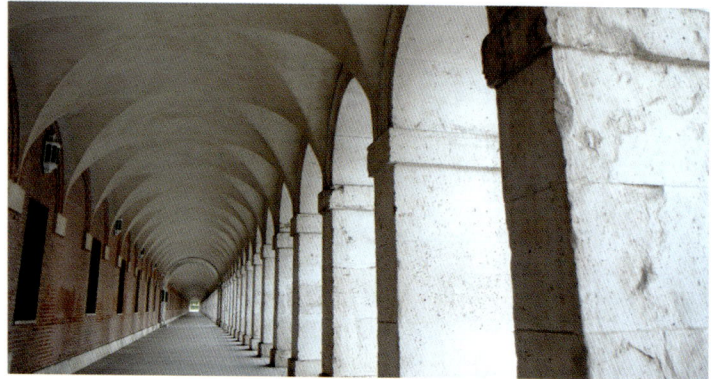

- Cuanta mayor sea la posición del zoom o focal de tu objetivo (por ejemplo 55 mm), menor profundidad de campo tendrá tu imagen, ya que te centrarás en un sujeto en primer plano, desenfocando mucho el fondo.

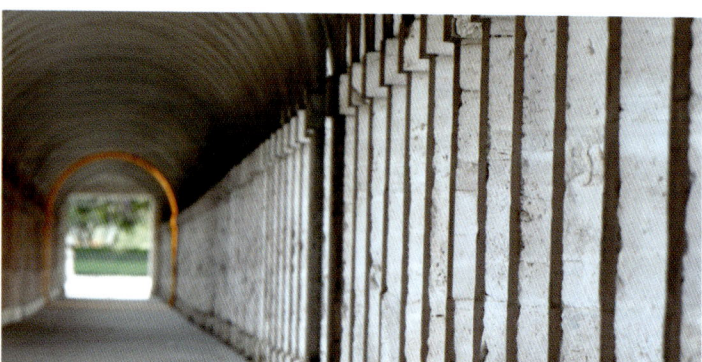

Diafragma y profundidad de campo

Si te gusta jugar con la *profundidad de campo* en tus fotografías, te recomiendo que en lugar de un objetivo angular (18 mm a 20 mm), el cual posee un gran ángulo de visión y tiene mucha profundidad, utilices mejor un teleobjetivo (70 mm a 300 mm), con el que podrás desenfocar los fondos de las fotografías de una forma más evidente.

Te invito a realizar un sencillo ejemplo, para que puedas ver claramente lo que te acabo de explicar en cuanto a la relación entre la profundidad de campo y la focal del objetivo.

1. Enciende la cámara.
2. Coloca el *dial de programas de exposición* de tu cámara en el *programa semiautomático AV o A*.
3. Coloca un valor de 100 ISO si te encuentras en un lugar iluminado, y 400 ISO si te encuentras en sombra o en un día nublado.
4. Selecciona f 5,6 en el *dial de diafragmas*.
5. Sitúa tu objetivo en la posición 55 mm del zoom.
6. Coloca el dedo índice a 25 cm de tu cámara, enfócalo, dispara y observa que le ocurre al fondo.
7. Sitúa tu objetivo en la posición 18 mm del zoom.
8. Repite el proceso 6 y observa como en esta foto, al ser un fondo más amplio, no sólo verás más escena alrededor del dedo, sino que también, dicho fondo tendrá mayor nitidez.

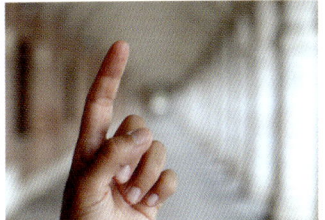 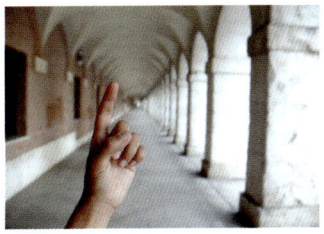

Cuanta mayor sea la focal (es decir, cuanto más cerrado esté el zoom de tu objetivo o más *zoom* hagas), menor profundidad de campo tendrás en tu imagen.

■ APLICACIONES DE LA PROFUNDIDAD DE CAMPO
RETRATO

Si quieres realizar un retrato con el fondo muy desenfocado, no sólo tendrás que usar un diafragma muy abierto (f 2,8, f 4 o f 5,6), sino que también deberás emplear un objetivo medio o un teleobjetivo, con la mayor focal posible (de 55 mm a 300 mm).

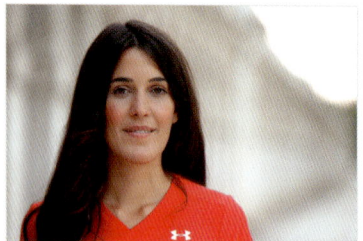 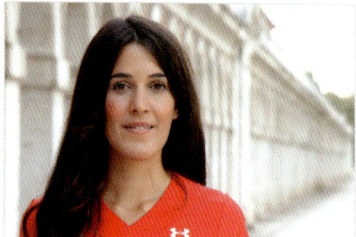

1. Sitúa al sujeto frente a ti. a ser posible con el sol a tus espaldas.
2. Coloca el *dial de programas de exposición* de tu cámara, en el *programa semiautomático AV o A*.
3. Selecciona 400 ISO de sensibilidad.
4. Posiciona el zoom en 55 mm.
5. Selecciona un diafragma abierto como es f 5,6.
6. Encuadra, enfoca la fotografía y dispara. Observa si encuentras diferencia entre la nitidez del fondo y la del sujeto.
7. Repite los proceso 5 y 6, con un f 16.

PAISAJE

Si quieres conseguir un paisaje con mucha profundidad de campo en el que todo aparezca nítido, lo mejor es que utilices un diafragma cerrado (f 11, f 16 o f 22), y lo combines con un objetivo angular con focales comprendidas entre (18 mm y 35 mm)

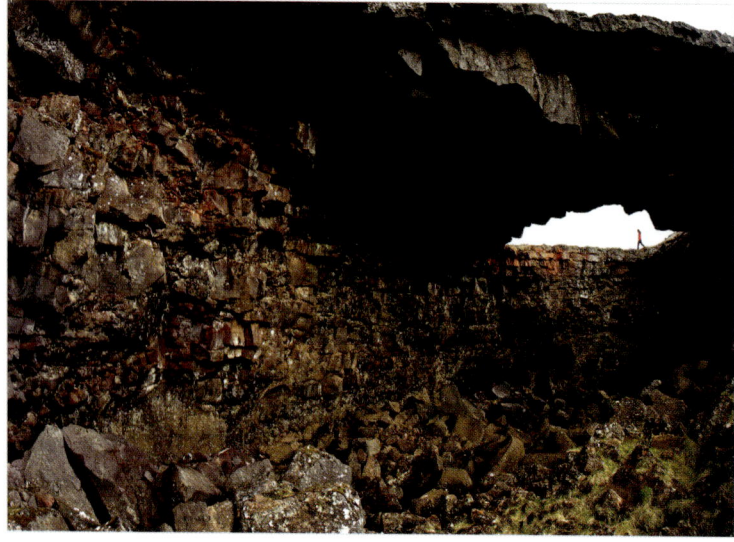

Diafragma y profundidad de campo

1. Elige un paisaje que te resulte atractivo (puede ser urbano), a ser posible con el sol a tus espaldas.
2. Coloca el *dial de programas de exposición* de tu cámara, en el *programa semiautomático AV* o *A*.
3. Selecciona 400 ISO de sensibilidad.
4. Sitúa el zoom en una posición de 18 mm a 24 mm.
5. Selecciona un diafragma abierto como es *f* 4.
6. Encuadra, enfoca la fotografía y dispara.
7. Repite los procesos 5 y 6 con un *f* 22. Ten en cuenta que al cerrar el diafragma a *f* 22, el tiempo tendrá que ser lento, por lo que te recomiendo que prestes especial atención a la velocidad, para que ésta no sea inferior a 1/60s, porque de ser así, tendrías que utilizar el trípode.

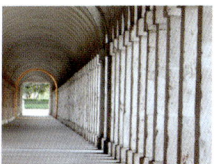
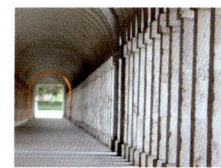
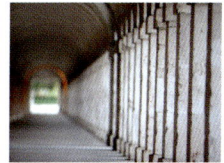

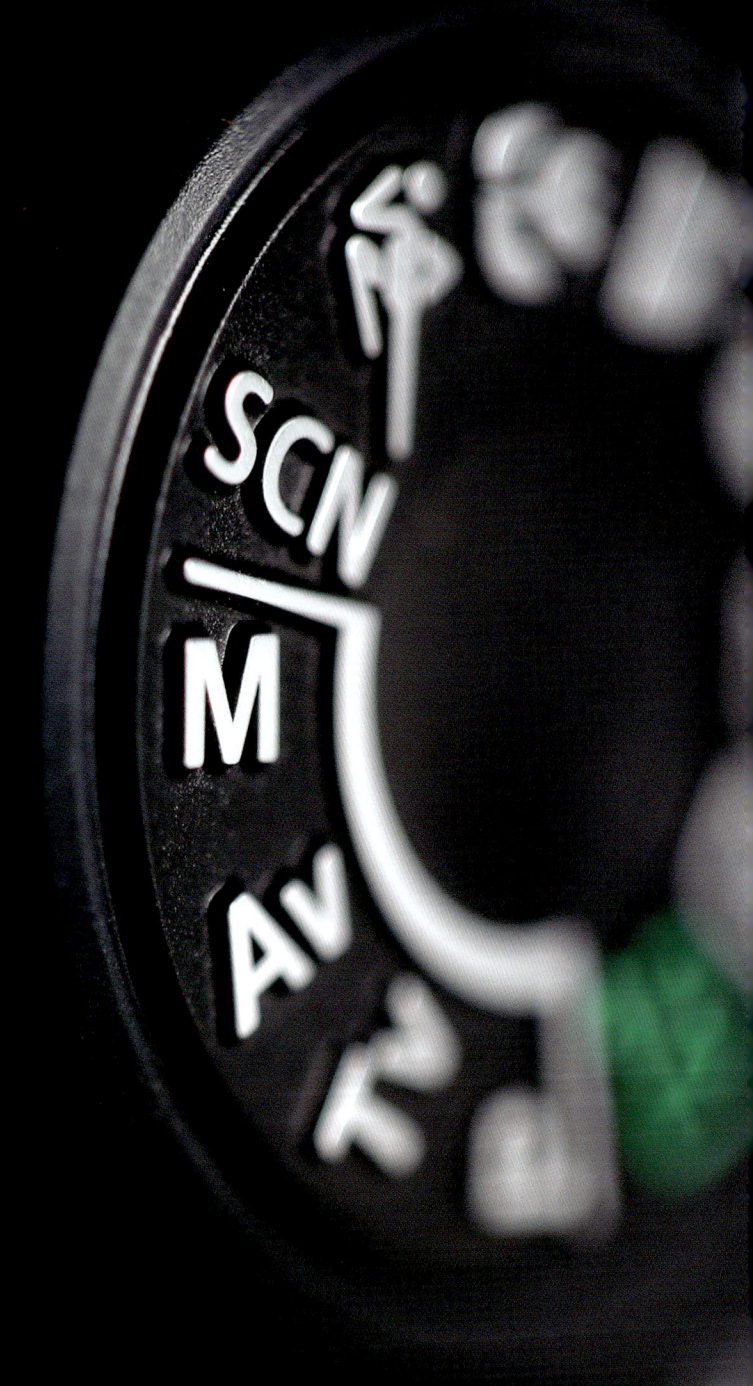

13. Programa manual

Recuerda que en el programa de prioridad a la velocidad (*Tv* o *S*) visto en el tema 9, la cámara calcula el diafragma a partir de los valores de obturación e ISO seleccionados, mientras que en el programa de prioridad al diafragma (*Av* o *A*) visto en el capítulo 12, la cámara selecciona la velocidad de obturación a partir del diafragma y el ISO introducidos.

A diferencia de los programas semiautomáticos, en el modo manual la cámara no selecciona ninguno de los parámetros de manera autónoma, sino que tú, con ayuda del fotómetro, eres quien decide los valores de los tres parámetros que intervienen en la toma.

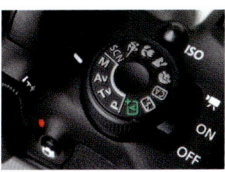

Selecciona el modo manual *M* en tu cámara, para comenzar este capítulo

Mediante el programa manual tendrás el poder de decidir qué parámetros usar en la toma, dependiendo del tipo de fotografía o efecto que quieras conseguir (poca o mucha profundidad, congelado, movido, etc).

Exposición

■ **PATRÓN EMPLEADO POR EL FOTÓMETRO DE CÁMARA PARA MEDIR LA EXPOSICIÓN**

Como ya vimos en el tema 7, las cámaras réflex poseen un fotómetro con el que realizar una medición o evaluación de la luz de la imagen, tras la cual, y en función de la información que te proporcione el fotómetro, tendrás que ajustar el diafragma, la velocidad de obturación y el ISO, hasta obtener una exposición correcta.

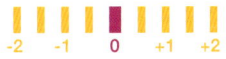

Dado que no es igual medir sobre un objeto gris, blanco o negro, puesto que no reflejan la misma cantidad de luz (pudiendo afectar a la exposición correcta), el gris neutro es el color establecido como patrón, y en el que se basa el fotómetro para realizar la medición.

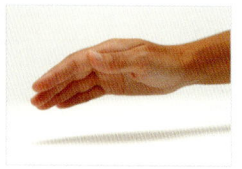
Superficie blanca

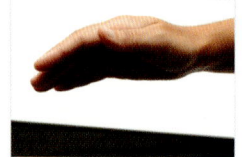
Superficie oscura

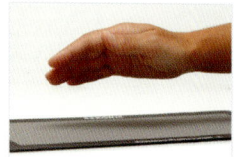
Superficie gris

Esto es así porque, la mayoría de elementos que te rodean reflejan un porcentaje de luz muy parecido (el 18%) y corresponde al que refleja el color gris medio.

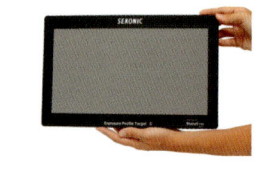

Si observas las siguiente imágenes, comprobarás cómo al convertirlas al blanco y negro el tono más predominante es el gris neutro, existiendo muy pocos blancos o negros sin textura en las fotografías.

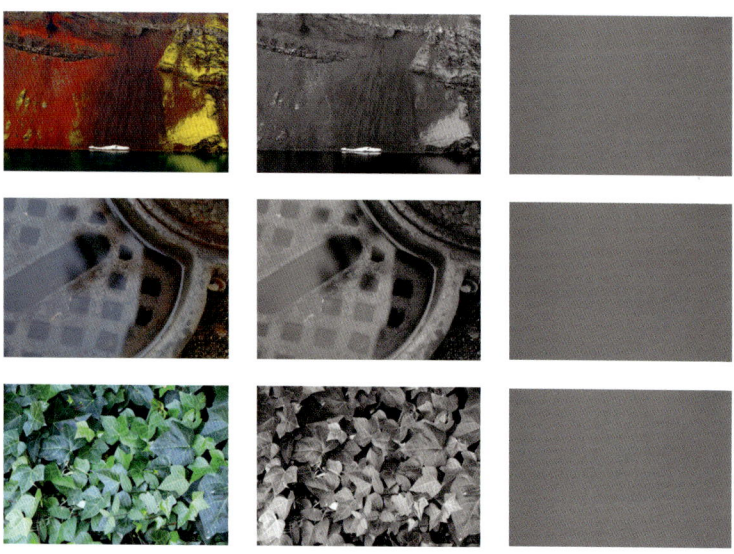

Ahora me gustaría que te fijaras en estas fotografías donde el indicador de exposición del fotómetro se encuentra en el cero (exposición correcta), y cómo a medida que voy

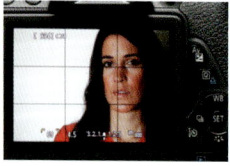
Fotómetro a 0

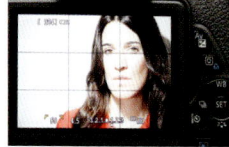
Fotómetro a +1

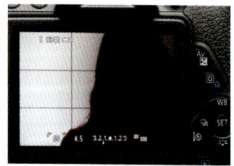
Fotómetro a -1

iluminando con mayor intensidad al objeto, el indicador de exposición varía porque la luz reflejada está cambiando. Para que el fotómetro se vuelva a situar en cero o en el centro tendré que ir modificando los parámetros de exposición (obturador, diafragma e ISO).

Conclusión: El fotómetro te orienta sobre los parámetros que tienes que seleccionar en tu cámara, a partir de la previa evaluación que ha realizado de la escena a través del objetivo, teniendo como patrón un gris neutro o medio.

■ FOTÓMETRO DE MANO

Seguro que en muchas ocasiones has observado en películas o *making of* de sesiones de moda, el uso del fotómetro por parte de los fotógrafos. Creo conveniente que comprendas su uso y funcionamiento, y que sepas que no solo reside en la parcela del fotógrafo profesional.

El fotómetro de mano es un accesorio externo a la cámara, que te ayudará a medir la intensidad de luz de la escena con total seguridad y, para lo cual, utiliza dos formas de medición:

LUZ REFLEJADA

Esta medición es parecida a la que realiza la cámara, pero con mayor exactitud, pues recoge la información de un carta gris medio que tendrás que situar en la escena, para que el fotómetro de mano cree una exposición correcta a partir del ISO y la velocidad de obturación que hayas seleccionado, aportando un valor de diafragma que tendrás que colocar en tu cámara.

MEDICIÓN DE LA LUZ INCIDENTE

Analiza la cantidad de luz que le llega a la escena o sujetos con independencia del color o de la luz que reflejen los mismos, siendo muy efectiva en cualquier situación y aportándote esa seguridad en los momentos más complicados. Podrás realizar la medición situando simplemente el fotómetro delante del sujeto o escena en dirección a la cámara.

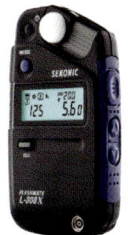

Medición

Es importante que antes de profundizar en el modo manual aprendas a medir correctamente una escena, veas qué tipos de mediciones existen. Si recuerdas, referente al funcionamiento del fotómetro, medir consiste en evaluar la intensidad de luz de la escena y crear una exposición correcta basándolo en los parámetros de exposición.

La medición comienza una vez has pulsado el botón de disparo a media presión y el fotómetro se activa para analizar la escena.

■ TIPOS DE MEDICIÓN
MEDICIÓN EVALUATIVA O MATRICIAL

Al seleccionar esta medición, la cámara tomará a través del objetivo muestras de luz reflejada del 70 por % de la escena, por lo que el hecho de utilizar una extensión de la fotografía tan amplia, hacen de la *medición evaluativa* un modo fiable en el 90 % de las situaciones en las que te enfrentes.

Observa en la siguiente fotografía la extensión de la muestra de luz a analizar durante la *medición matricial*.

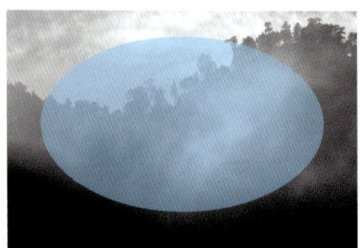 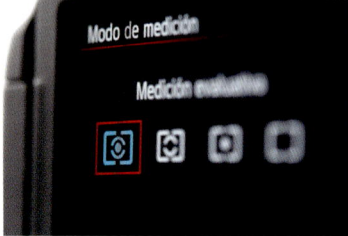

Para seleccionar *la medición evaluativa*, tendrás que pulsar el botón *función medición* y elegir el icono que te muestro arriba a la derecha.

1. Busca una localización en exterior de día, con un tono parecido al gris medio, que no se encuentre a contraluz, y que sea lo más neutra posible (sin mucho contraste entre las luces y sombras), porque de esta manera te será mucho mas fácil comenzar a utilizar el fotómetro, y calcular una exposición correcta de forma manual.
2. Selecciona el programa manual *M* de exposición.
3. Coloca un valor de ISO de 100 O 200.
4. Selecciona una velocidad de 1/60 s de obturación.
5. Desliza el *dial del diafragma* hasta situar el *indicador de exposición* en el cero o en el centro de la escaleta del fotómetro.

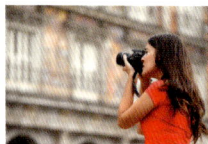 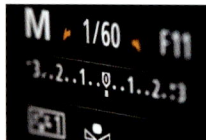 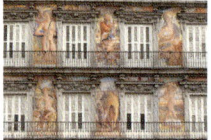

MEDICIÓN PUNTUAL

A diferencia de la medición evaluativa, la puntual tan sólo toma muestras del 5% de la imagen, porque se utiliza para medir de manera precisa y específica una pequeña zona del motivo a fotografiar. Este modo de medición se suele emplear en situaciones con contraluces, o en localizaciones donde existan varias fuentes de luz.

En la página siguiente puedes ver la diferencia entre el área de la muestra que toma la *medición puntual* respecto al que toma la *evaluativa*.

Para poder emplear la *medición puntual* tendrás que pulsar el botón *función medición*, y seleccionar el icono mostrado a la derecha.

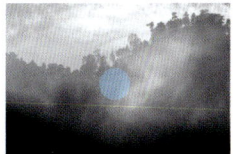
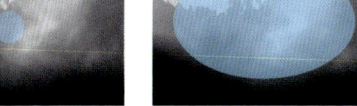
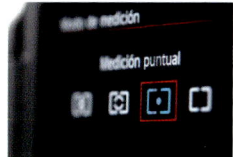

Medición puntual   **Medición evaluativa**

1. Busca un objeto o sujeto a contraluz, con el cielo de fondo.
2. Selecciona el programa manual *M* de exposición.
3. Elige 200 o 400 ISO.
4. Selecciona la *medición puntual*.
5. Selecciona una velocidad de 1/500 s o 1/1000 s.
6. Mide primero al cielo: pulsa el botón de disparo a media presión (para que se active el fotómetro), y mueve el indicador de exposición hasta situarlo sobre el cero. Reencuadra, enfoca y dispara. Observa como en tu fotografía el sujeto queda oscuro y el cielo correctamente expuesto.

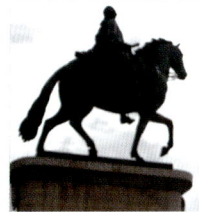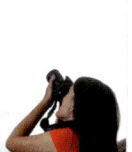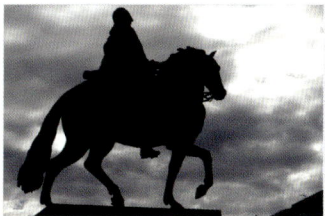

7. Selecciona una velocidad de 1/125 s o 1/250 s.
8. Mide al sujeto u objeto a contraluz con el punto central de tu visor: pulsa el botón de disparo a media presión (para que se active el fotómetro), y mueve el indicador de exposición hasta situarlo sobre el cero. Reencuadra, enfoca y dispara. Comprueba como en la imagen el sujeto aparecerá correctamente expuesto, mientras que el cielo queda muy claro.

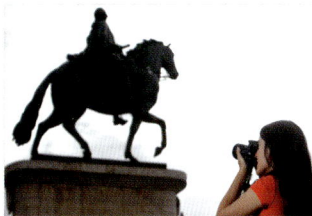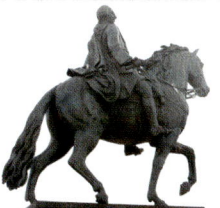

■ **SITUACIONES SUSCEPTIBLES DE COMPENSAR LA EXPOSICIÓN**
Aunque hasta ahora te he explicado que el indicador de exposición tenía que estar siempre situado en el cero, tienes que saber que hay situaciones, como las descritas a continuación, donde es mejor que no lo esté.

OBJETOS BLANCOS U OBJETOS QUE REFLEJEN MUCHA LUZ

A la hora de medir objetos claros, blancos o que reflejen mucha luz, el fotómetro entiende que hay un exceso de ella, e intenta restar luminosidad a la imagen oscureciéndola, creando un tono muy parecido al gris medio. Por ello, si estás realizando fotografías en la nieve y sitúas el indicador de exposición a cero, las fotografías que realices saldrán oscuras pues la cámara al interpretar que hay mucha luz hará que la escena se parezca al gris medio, teniendo la nieve un tono grisáceo en vez de blanco.

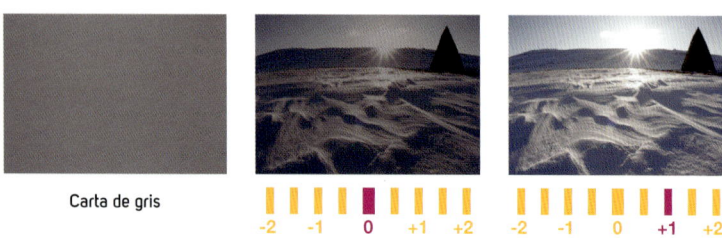

Carta de gris

Resumiendo: Cuando dejes el indicador de exposición del fotómetro a cero en estas situaciones, el resultado no será correcto ya que el sujeto quedará oscuro (subexpuesto) y, por lo tanto, lo que tendrás que hacer es abrir un punto de fotómetro, situándolo en la posición +1 (paso o punto de luz). De esta manera la fotografía estará sobreexpuesta 1 punto de luz, y el blanco será blanco en vez de gris.

OBJETOS OSCURO U OBJETOS QUE APENAS REFLEJEN LUZ

Con los objetos oscuros el proceso es a la inversa, ya que si sitúas el indicador de exposición del fotómetro a cero, éste propondrá una exposición en la cual el sujeto aparecerá gris en tus fotografías en lugar de negro u oscuro.

Seguro que no es el resultado que buscas, por lo que tendrás que colocar el indicador de exposición a -1 (paso o punto de luz) moviendo los parámetros de exposición para obtener un color fiable y una fotografía correcta.

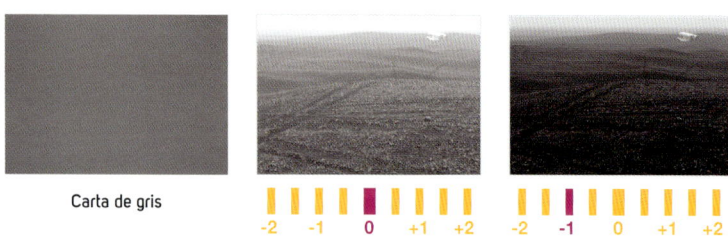

Carta de gris

■ EQUIVALENCIAS DE LA EXPOSICIÓN

Una vez que hayas realizado una medición correcta, tendrás que saber equivalencias entre parámetros. Con esto, me refiero a tener dos fotografías idénticas de exposición pero realizadas con diferentes parámetros.Pues si recuerdas, en la escaleta del fotómetro de tu cámara aparecían puntos enteros, y son con ellos con los que podemos jugar.

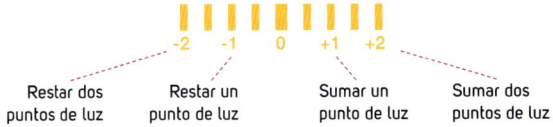

Restar dos puntos de luz	Restar un punto de luz	Sumar un punto de luz	Sumar dos puntos de luz

En todas estas situaciones existe un punto de luz de diferencia:

De f2,8 a f4	De f5,6 a f8	De f11 a f16
De f4 a f5,6	De f8 a f11	De f16 a f22

Si analizamos las velocidades ocurre lo mismo:

De 1/30 s a 1/60 s	De 1/125 s a 1/250 s	De 1/500 s a 1/1000 s
De 1/60 s a 1/125 s	De 1/250 s a 1/500 s	De 1/1000 s a 1/2000 s

Si observas, entre los valores de ISO también existe un paso o punto de luz:

ISO 100 a 200	ISO 400 a 800	ISO 1600 a 3200
ISO 200 a 400	ISO 800 a 1600	ISO 3200 a 6400

En todas estas relaciones de parámetros que te acabo de mostrar, existe un punto o un paso de luz, ahora bien, una exposición se crea a partir de la unión de tres elementos que son, el obturador, el diafragma y el ISO; por ello, cuando modifiques uno de ellos, los otros dos también los tendrás que modificar.

 Supuesto 1:
En este ejemplo, el indicador de exposición del fotómetro se encuentra a cero, usando los siguientes parámetros.

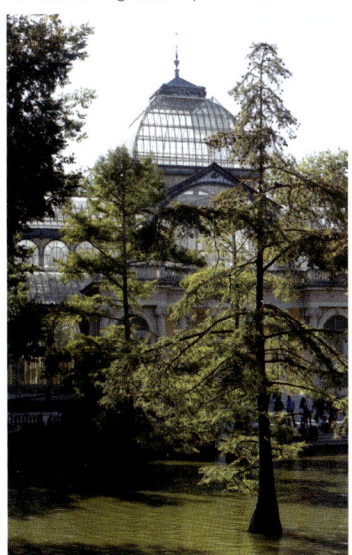

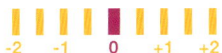

ISO100, f5,6, 1/60 s
Si aumento el ISO un punto de luz, el indicador de exposición se irá hasta el +1 y la foto quedará un punto más clara.

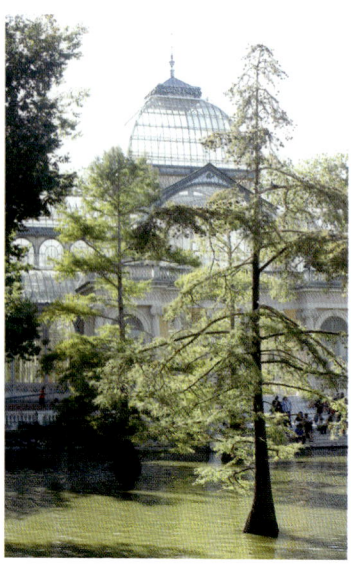

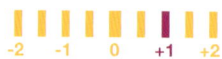

ISO 200, f5,6, 1/60s
Por lo que, si quieres volver a situar el indicador de exposición sobre el cero, tendrás que aumentar un paso de velocidad o cerrar un paso de diafragma. En este caso he elegido la opción de aumentar un paso de velocidad.

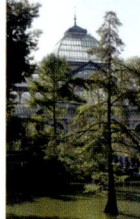

ISO 200
f5,6
1/125s

Supuesto 2:
En este ejemplo, el indicador de exposición del fotómetro se encuentra a cero y con los siguientes parámetros.

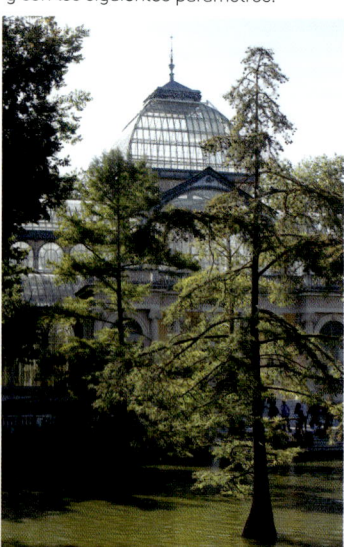

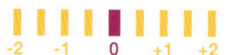

ISO 100, f5,6, 1/60s
Si ahora quisiera tener mayor profundidad de campo, cerrando más el diafragma, por ejemplo, a f11, ocurriría lo siguiente: que al cerrar dos pasos el diafragma, la fotografía te quedaría subexpuesta (dos pasos más oscura).

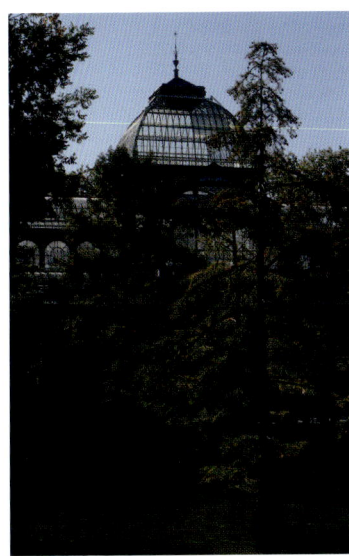

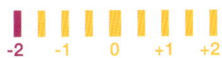

ISO 100, ƒ11, 1/60 s

Por ello, si quisieras situar el indicador de exposición del fotómetro sobre el cero otra vez, tendrías que compensar bien con el ISO o con la velocidad. Esta vez lo haré con el ISO.

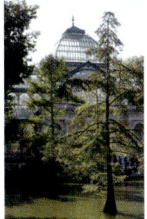

ISO 400
ƒ11
1/60 s

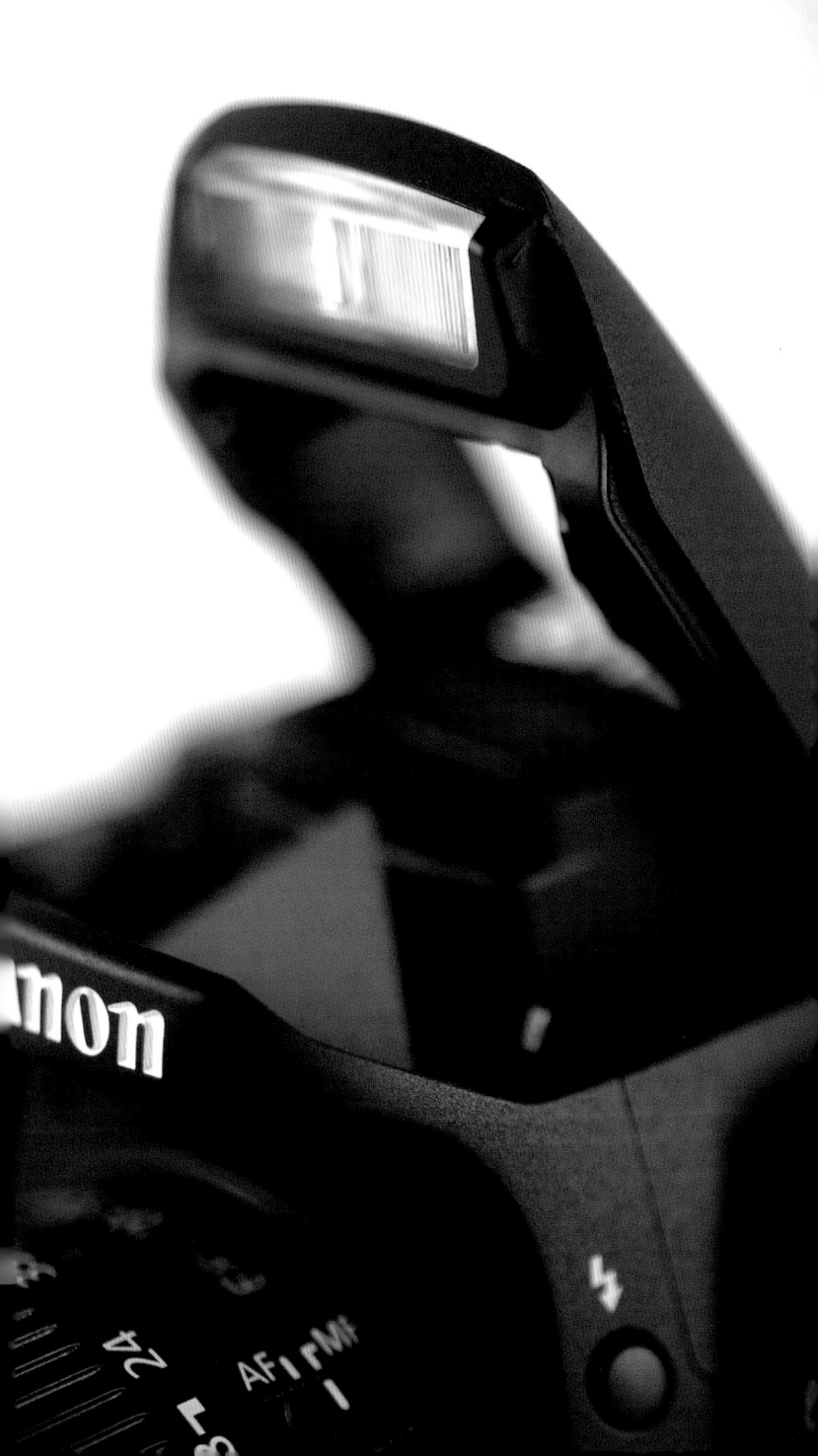

14. Flash de cámara

Características

El flash de cámara genera un destello de luz instantáneo, con una potencia limitada, capaz de iluminar una escena, motivo, o sujeto al realizar una fotografía. Se encuentra en la parte superior de la cámara, y se activa a través de un botón, cuyo icono es un rayo.

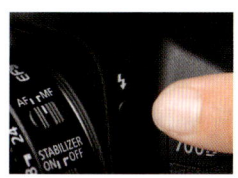

■ TIPO DE LUZ QUE EMITE
La luz del flash, es de un tono azulado y se considera una luz fría, porque tiene una temperatura de color de 5 500K (similar a la luz del sol de mediodía). Gracias a dicha similitud lumínica, estas dos luces se combinan perfectamente en las situaciones a fotografiar con flash (que en la mayoría de los casos suelen ser al mediodía).

■ DURACIÓN DEL DESTELLO
El destello del flash es muy fugaz, por eso, y a diferencia de las fuentes de iluminación continuas (como puedan ser el sol o una bombilla casera), su destello es visible tan solo un instante, durante la toma de la fotografía.

■ SINCRONIZACIÓN DEL FLASH
Este proceso es la coincidencia entre el destello del flash y el momento en el cual el obturador está totalmente abierto, permitiendo que todo el sensor quede expuesto.

Las velocidades estándar de sincronización van de 1/60 s a 1/125 s, y la velocidad máxima de sincronización con la cual podrás usar tu flash de cámara, oscila entre 1/180 s y 1/250 s. Por lo tanto, debes tener en cuenta que por encima de 1/250 s, no vas a poder disparar con el flash de cámara mientras esté activo. Comentarte también, que no existe una velocidad mínima o lenta de sincronización, ya que puedes usar cualquier velocidad más lenta que la estándar de sincronización (1/60 s).

 Ten en cuenta que es un espejo móvil que se levanta durante la toma para permitir el paso de luz al sensor, por lo que es muy delicado y deberás tener mucho cuidado, no tocándolo ni manipulándolo manualmente, ya que podría afectar gravemente a su funcionamiento.

Para saber cuál es la velocidad máxima de sincronización en tu modelo de cámara, sigue los pasos que te indico a continuación:

1. Selecciona el programa *manual* de exposición.
2. Despliega el flash (pulsando el botón de flash de la cámara).
3. Mueve el dial de velocidades hasta comprobar cuál es la velocidad máxima a la que te permite realizar la fotografía.

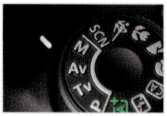 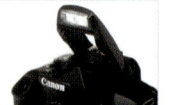 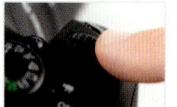 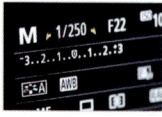

En mi caso, la velocidad máxima de sincronización es de 1/250s, y por lo tanto la cámara no me permite avanzar más hacia una velocidad mayor. ¿Cuál es la máxima velocidad que te permite tu cámara? ¡Haz la prueba!

■ AJUSTE DEL BALANCE DE BLANCOS EN FOTOGRAFÍA CON FLASH

Gracias a la similitud lumínica, que al inicio del tema te indiqué que existía entre la luz de flash y la del sol, los balances de blancos que podrás elegir en tu cámara para disparar con flash, son los siguientes:

- Luz de flash (representada por un rayo).
- Luz día (representa por un sol).

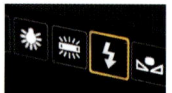 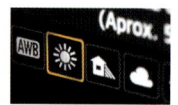

■ AJUSTE DE LA POTENCIA DEL FLASH
– MEDICIÓN TTL

El flash utiliza la medición de la luz de la escena que la cámara ha realizado previamente a la toma de la fotografía, para otorgar mayor o menor potencia a su destello. A este proceso se le conoce como medición TTL de flash (*Trough The Lens*), porque la información que recibe la cámara se toma a través de las lentes.

Dado que esta medición no siempre es correcta (puesto que le pueden afectar muchos factores tales como el color de la ropa de los sujetos, la situación de luz, etc.), la cámara te permite controlar la potencia del flash, compensando el destello (aportándole o restándole mayor o menor luz), para que obtengas una exposición correcta.

 Practica compensando el destello del flash, siguiendo los pasos que te muestro a continuación:

1. Accede al menú de cámara *compensación del flash*.
2. Regula la potencia del flash, situándote en las diferentes posiciones del fotómetro de compensación que aparecen en el menú.

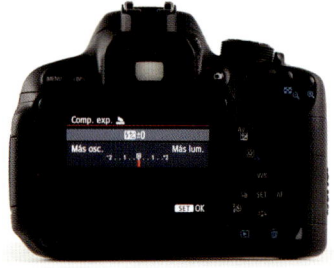

3. Realiza varios destellos de prueba, para que compruebes por ti mismo cómo puede afectar la compensación del flash en una fotografía.
(Te recomiendo que busques un objeto de tu propia casa para hacer esta práctica).

3.1 Selecciona 400 ISO (puesto que vas a realizar una fotografía en interior).

3.2 Sitúa tu cámara en el programa semiautomático de exposición Tv o S, y elige una velocidad de 1/60s (el diafragma se calculará automáticamente).

3.3 Despliega el flash, y coloca la compensación de flash en el centro o en el cero.

3.4 Realiza la fotografía en los siguientes puntos de compensación: -2, -1, 0, +1, +2.

Debajo te muestro un mismo ejemplo con diferentes puntos de compensación:

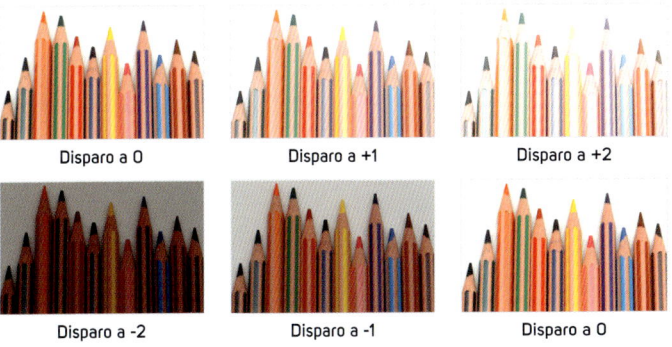

Disparo a 0   Disparo a +1   Disparo a +2

Disparo a -2   Disparo a -1   Disparo a 0

 Ten en cuenta que siempre que dispares con flash, la cámara necesitará de un tiempo de recarga o reciclaje (unos segundos) para permitirte volver a disparar de nuevo. Dicho tiempo será mayor o menor, en función de la potencia que hayas usado, y del nivel de batería (dado que el flash incorporado se alimenta de la batería de la propia cámara).

■ **FUNCIÓN PARA EVITAR EL EFECTO 'OJOS ROJOS'**

Seguro que en muchas ocasiones has realizado un retrato o una fotografía con flash en un evento familiar en que la gente aparecía con los ojos rojos. El llamado efecto *ojos rojos* se crea en situaciones de poca luz, donde el destello que emite tu flash (el cual se encuentra muy cerca del plano del objetivo, es decir, a la altura de los ojos del sujeto a fotografiar) incide dentro del ojo (como consecuencia de la gran dilatación que sufre su pupila al adaptarse a la situación de poca luz) e ilumina los vasos sanguíneos de la retina. La mayoría de las cámaras, tanto réflex como compactas, poseen un método para evitar este molesto efecto. Dicha función hace que la cámara emita varios destellos de flash antes de tomar la fotografía, reduciendo de esta manera el tamaño de la pupila de los sujetos a fotografiar, y limitando así la cantidad de luz que entra en sus ojos.

Si tu cámara no posee la función de *ojos rojos* y este efecto no aparece en tus fotografías, es posible que se deba a que tu flash de cámara se encuentre más elevado de lo normal, evitando de esta manera el molesto resultado.

Usos del flash

■ **FLASH DE RELLENO. ELIMINACIÓN DE LAS SOMBRAS PRODUCIDAS POR EL SOL**
Cuando quieras fotografiar a un sujeto que se encuentre bajo la luz del sol (sobre todo a horas centrales del día), te recomiendo que uses el flash, porque es muy posible que el sol le genere sombras muy agresivas y poco atractivas en la cara, que gracias al empleo del flash, podrás eliminar o minimizar. En esta situación que describo, el flash estaría rellenando de luz la escena ya iluminada por el sol. A este empleo se le conoce como *flash de relleno*.

Ejemplo: Imagínate que vas a realizar un retrato en verano a las 15:00 h bajo la luz del sol. Éste creará unas sombras muy marcadas (poco agradecidas) en la cara y cuerpo del sujeto, que mediante el flash podrás rellenar, aportando luz extra, y de esta forma eliminar las sombras o hacerlas algo más suaves.

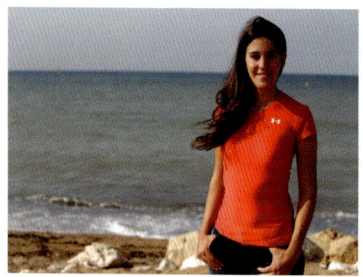
Sin flash de relleno

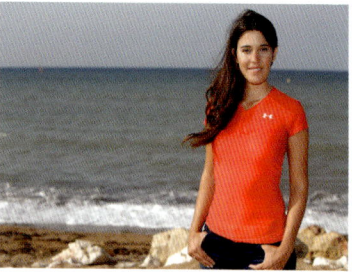
Con flash de relleno

Para rellenar las sombras en esta situación, los pasos a dar serían los que te indico a continuación:

1. Como te encuentras a pleno sol, y no es necesario que tu cámara sea muy sensible a la luz, usa un valor bajo de ISO como el 100 o 200 ISO.
2. Selecciona el programa *manual* de exposición y despliega el flash.
3. Realiza una medición de la escena usando la medición *evaluativa* o *matricial*.
4. Selecciona la velocidad de obturación teniendo en cuenta la máxima velocidad de sincronización del flash con tu cámara (recuerda que como el flash está ya activado, no vas a poder usar una velocidad superior a la máxima de sincronización).
5. Selecciona un diafragma.

6. Realiza la fotografía, y si ves que el flash tiene más o menos potencia de la que debiera, compensa la exposición del mismo.

■ **FLASH DE RELLENO. ILUMINACIÓN A CONTRALUZ**

En las fotografías de sujetos a contraluz, cuando estos están en sombra y el fondo se encuentra iluminado: o bien los sujetos aparecen oscuros y el fondo correctamente expuesto, o viceversa. En casos como estos, en los que es imposible exponer por igual al sujeto y al fondo, el flash juega un papel muy importante, ya que con él, podrás iluminar al sujeto para que éste tenga la misma luz que el fondo.

La situación que te describo es muy común, te encontrarás con ella cada vez que quieras fotografiar a alguien delante de un atardecer o de un monumento a contraluz, en los que el sol estará a sus espaldas y él frente a ti.

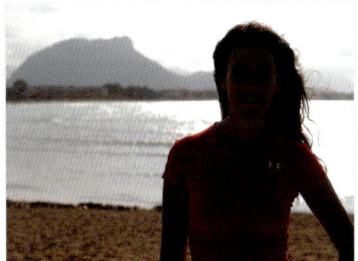
Sin flash

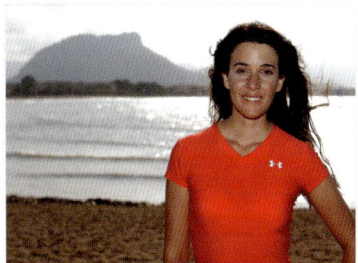
Con flash

Para realizar una fotografía a contraluz con el flash, tienes que seguir una dinámica muy similar a la anterior, lo único que en esta ocasión el flash tendrá un mayor protagonismo.

El proceso que debes seguir sería el siguiente:

1. Dado que te encuentras a pleno sol, y no es necesario que tu cámara sea muy sensible a la luz, usa un valor bajo de ISO como el 100 o 200 ISO.

2. Selecciona el programa *manual* de exposición y despliega el flash.

3. Realiza una medición *puntual* al fondo, usando la máxima velocidad de sincronización con el flash de tu cámara como parámetro fijo, y modifica el diafragma hasta llegar a un valor de exposición correcto, espera a que el fondo esté adecuadamente expuesto.

4. Realiza la fotografía y valora si la potencia del flash es excesiva o ha sido la correcta.

Ten en cuenta que en situaciones donde exista mucha humedad o calor, el flash de cámara puede crear brillos sobre la piel del sujeto.

■ **FLASH COMO LUZ PRINCIPAL. ILUMINACIÓN DE UNA ESCENA EN INTERIOR**

Vas a encontrarte con infinidad de situaciones en las que la luz que hay en la escena es muy débil o casi inexistente para poder realizar una fotografía. Es el caso del interior de una casa, en el que el flash de la cámara ya no lo tendrías que utilizar para rellenar sombras o contraluces, sino más bien para iluminar la situación (convirtiéndolo en una luz principal que inunda toda la escena).

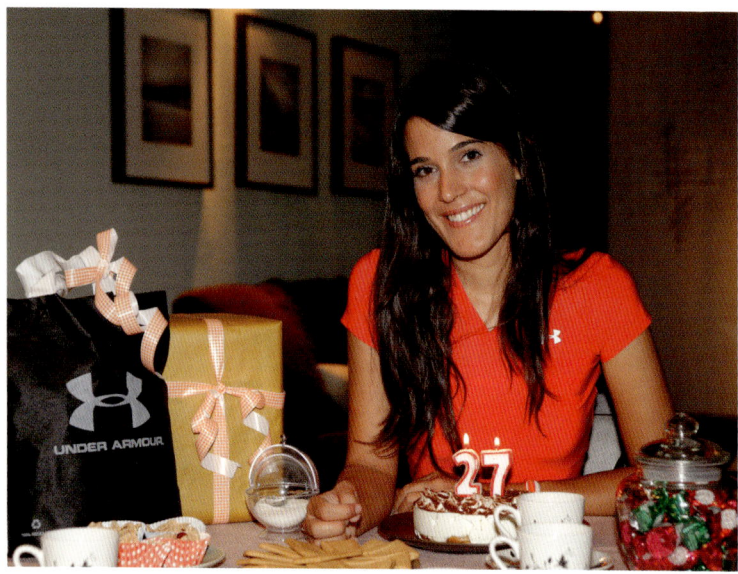

 Para realizar una fotografía en interior con flash, los pasos a dar serían los siguientes:

1. Usa un valor de 400 u 800 ISO, pues te encuentras en interior y necesitas que tu cámara sea sensible.
2. Selecciona en tu cámara los siguientes parámetros:
   - Velocidades de obturación 1/60s o 1/50s (recuerda que éstas son velocidades de seguridad, con las que podrás realizar la toma a mano sin que la fotografía salga movida).
   - Diafragma f4 o f5,6, (ya que si empleas diafragmas más cerrados, no permitirás casi el paso de luz, y el fondo de tus fotografías será casi inapreciable, oscuro).

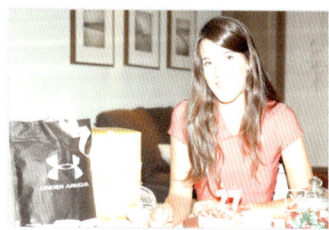

Fotografía con exceso de flash

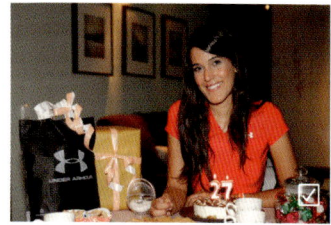

Fotografía con flash correcto

3. Realiza la fotografía y valora si la potencia del flash es la adecuada, en caso de no ser así, apórtale o réstale potencia hasta obtener la cantidad de luz requerida.
4. En este caso el exceso de flash es muy agresivo, fíjate en las fotografías de la página anterior.

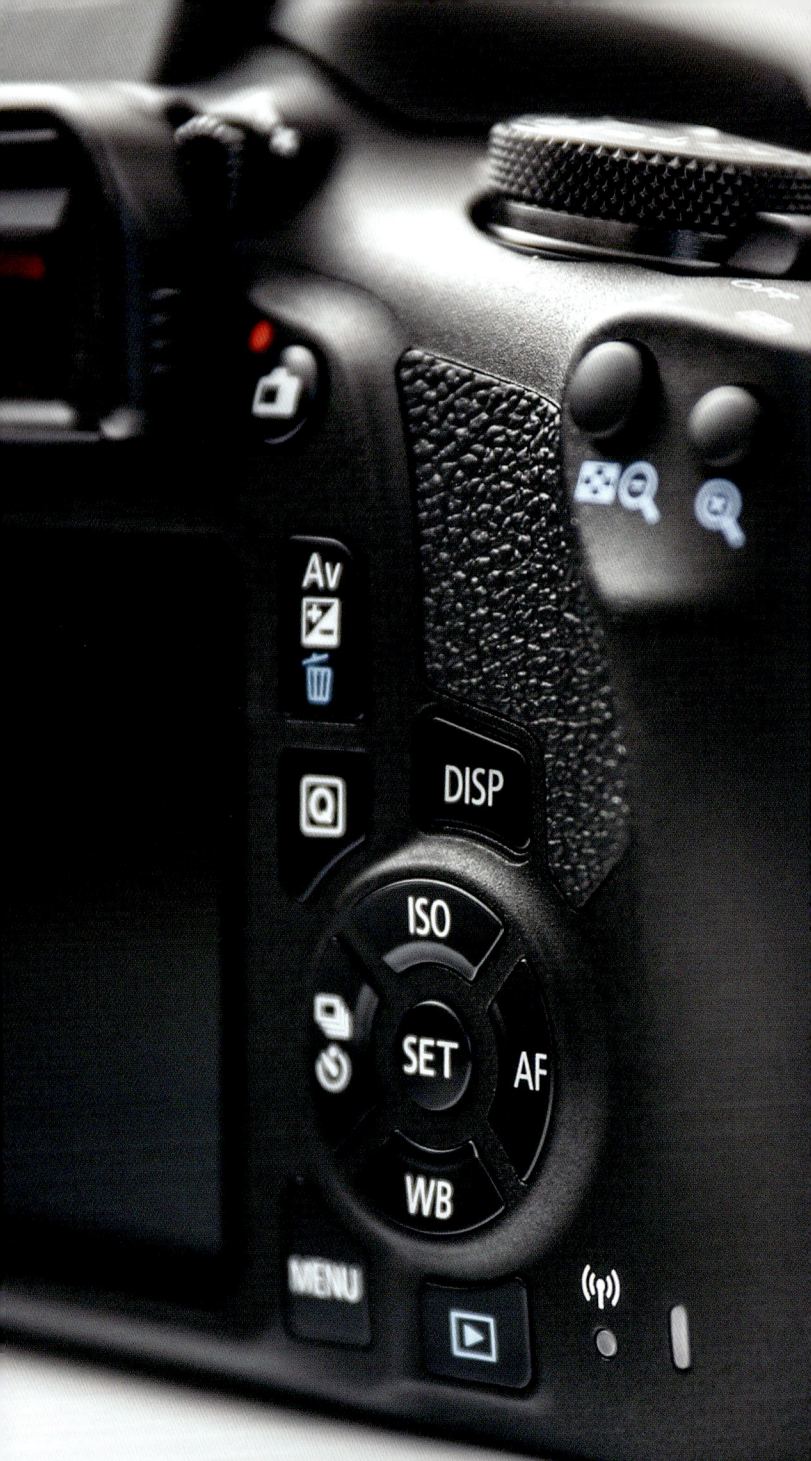

15. Comparte todas tus fotografías. Wifi

¿Sabes lo sencillo que es enviarte las fotografías a tu *smartphone*? Gracias al sistema wifi que incorpora tu cámara podrás configurar los parámetros, disparar a distancia y descargarte todas las imágenes en tu móvil. Bienvenido a la máxima conectividad.

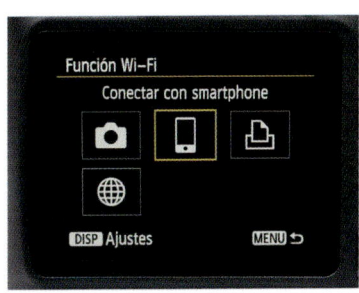

Pantalla de conexión

Pasos que debes seguir para vincular tu cámara a tu móvil

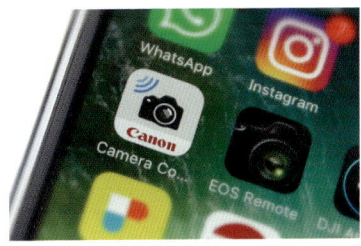

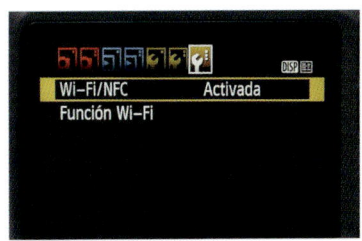

1. Descarga en tu *smartphone* la app gratuita de la marca de tu cámara (la podrás encontrar en Google Play o Apple Store).

2. Activa el modo wifi en tu cámara (pulsa el botón "Menú", y dirígete al submenú de color amarillo).

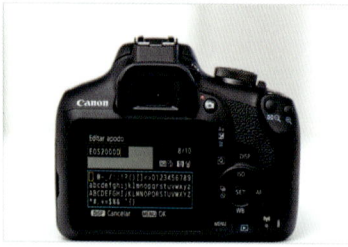

3. Registra un apodo para identificar la cámara. Para ello configura un perfil (elige entre Set 1, Set 2 o Set 3) e introduce un nombre para tu cámara (será el que te permitirá identificar la cámara desde tu móvil).

4. Selecciona "Conectar con *Smartphone*"; aparecerá una contraseña que a continuación deberás introducir en tu móvil.

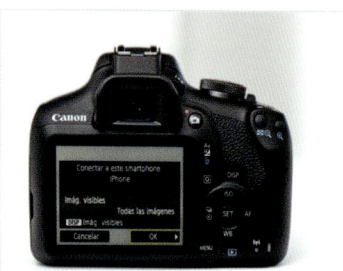
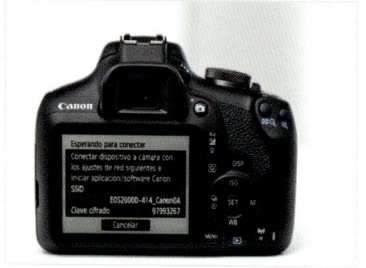

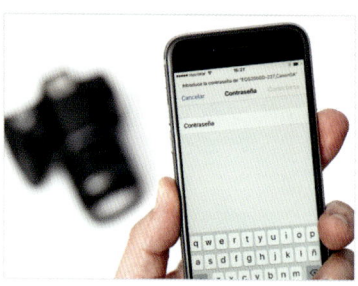

5. Entra en el menú wifi de tu móvil y busca redes disponibles. Verás que aparece el apodo que usaste en tu cámara. Selecciona esa red e introduce la contraseña que te indicaba en el paso anterior.

6. Confirma la conexión en cámara pulsando "OK", abre la app en tu *smartphone* y selecciona tu cámara en el listado de cámaras disponibles.

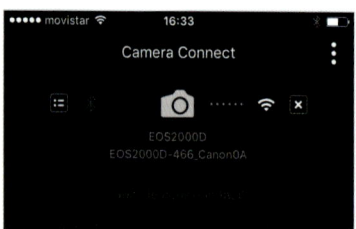

7. Elige la opción "imágenes en tarjeta" o "disparo remoto".

Algunos modelos incorporan la función "Auto Transfer" que permite compartir las imágenes al mismo tiempo que las realizas.

Comparte todas tus fotografías. Wifi

Diferencias entre las opciones
'ver la imágenes en cámara' y 'disparo remoto'

- Ver las imágenes en cámara te muestra el contenido que tienes en la tarjeta de tu cámara. Puedes pulsar sobre las fotografías, y descargar a tu móvil las que más te gusten.

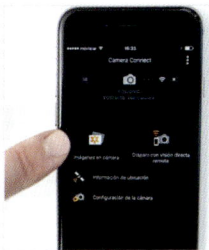 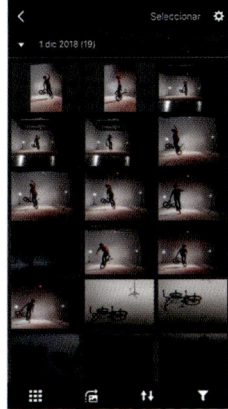 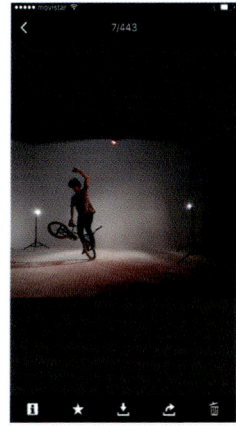

- Disparo remoto, significa que la cámara se activa en modo Live View (visión directa) y puedes realizar un disparo desde el móvil. En la parte inferior de la pantalla encontrarás y podrás modificar los parámetros de exposición.

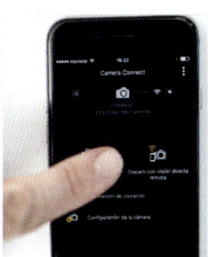 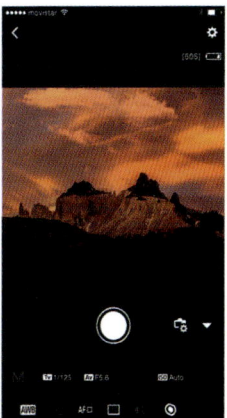 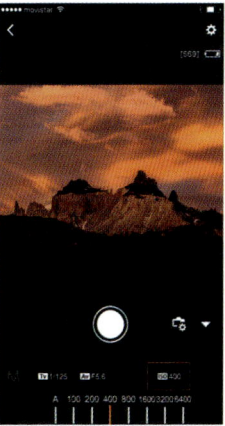

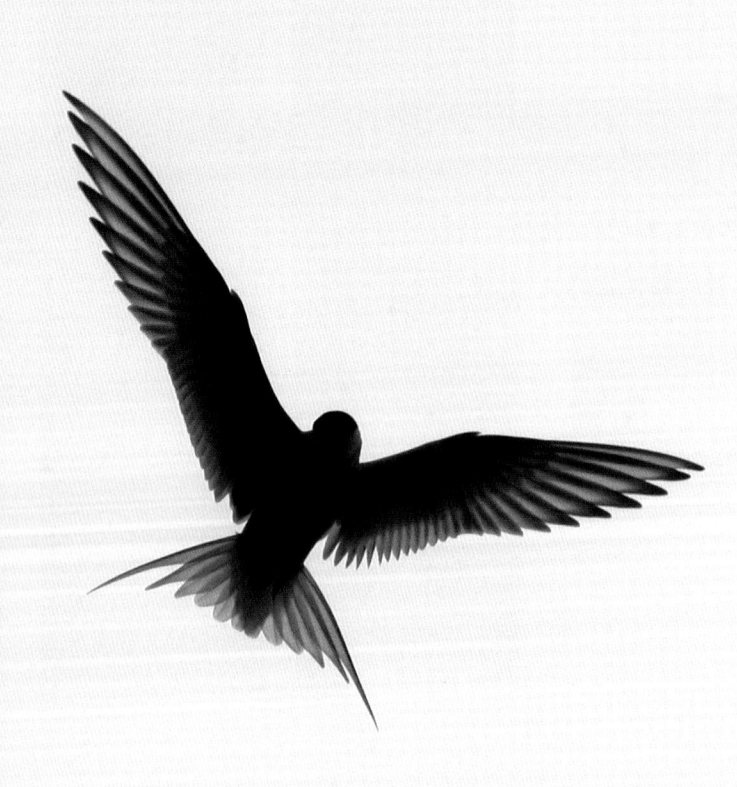

16. Composición

La composición en fotografía es algo subjetivo donde tú decides cómo crear la imagen, y si aplicar o no, a la hora de la toma, las normas establecidas. Con las reglas de composición, podrás aportar a tus fotografías un mayor interés visual, haciendo que éstas resulten más atractivas. Ahora te voy a explicar en qué consisten.

Regla de los tercios

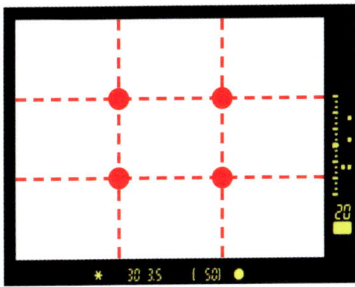

La regla de los tercios se basa en dividir la imagen de forma imaginaria mediante tres líneas en el eje horizontal y tres en el vertical (llamadas "líneas de tercios"), y en situar los elementos de interés a fotografiar, sobre las líneas o sobre las intersecciones de estas, logrando identificar así el centro de interés.

Dado que esta regla es una de las más extendidas y empleadas para componer, son muchas las cámaras existentes hoy en día en el mercado, que ya te muestran dicha cuadrícula en modo de visión directa en la pantalla LCD.

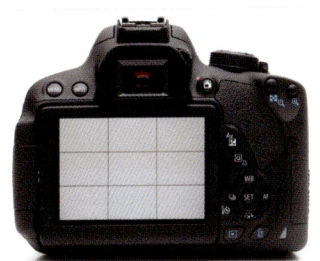

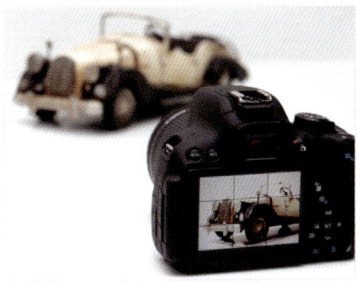

■ APLICACIONES DE LA REGLA DE LOS TERCIOS
RETRATO

Lo más probable es que, en las primeras imágenes que saques con tu cámara, coloques al sujeto en el centro de la imagen (puesto que al inicio es lo más sencillo y natural). No obstante, y ahora que ya eres consciente de la existencia de la regla de los tercios, te animo a que comiences a practicar colocando al sujeto sobre una de las líneas de tercios verticales de la imagen, otorgando de esta forma, mayor potencia visual a tus fotografías.

A continuación te muestro una imagen con dos encuadres diferentes, para que observes cómo la simple aplicación de la regla de los tercios, puede hacer que una fotografía resulte mucho más atractiva.

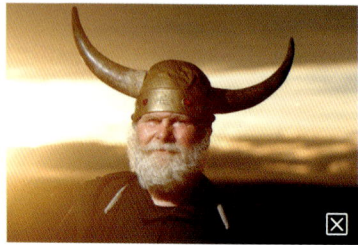 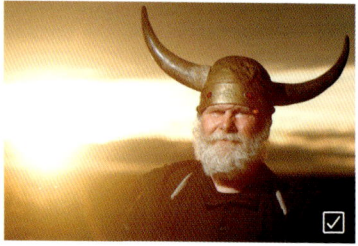

En la primera imagen, el sujeto se encuentra situado en el centro, sin que ninguno de los elementos atractivos de un retrato (como son los ojos o la boca) aparezcan sobre las líneas de tercios o sobre sus intersecciones. A diferencia, en la segunda imagen, el sujeto se encuentra colocado sobre la línea de tercio derecha, permitiendo, de esta manera, obtener más espacio o aire a la izquierda, y cediendo un lugar en la fotografía al sol que se encontraba oculto en el otro encuadre.

■ PAISAJE

Esta norma de composición también se aplica en la fotografía de paisaje, donde puedes probar a situar el horizonte en el tercio superior o en el tercio inferior, otorgando, según desees, más peso al cielo o a la zona de tierra que quieras fotografiar.

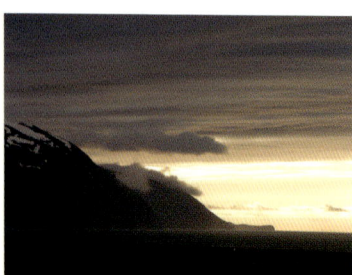

Horizonte sobre tercio inferior

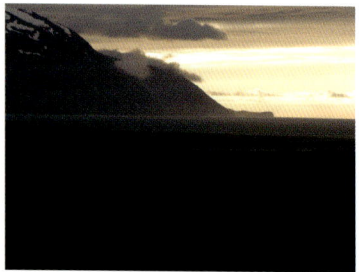

Horizonte sobre tercio superior

Presta especial atención cuando apliques la regla de los tercios a fotografías en las que salga el horizonte, ya que es muy fácil que dicha línea pueda aparecer torcida. La mayoría de las veces no suele ser mucha la inclinación, pero es la justa para que la imagen pierda en calidad.

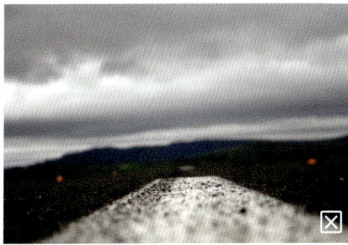

Horizonte torcido

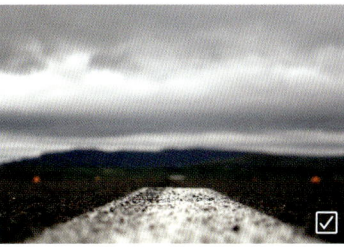

Horizonte recto

Para evitar que el horizonte te quede torcido, intenta observar referencias en el visor de la cámara. Por ejemplo: Puedes hacer un ángulo de 90º grados con las paredes verticales de tu visor, y así conseguir una línea recta en el horizonte.

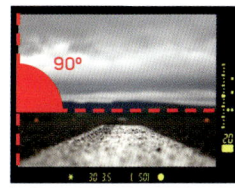

Blanco y negro

Hace años, las fotografías sólo se podían realizar en blanco y negro, (ya que la imagen se registraba en una película monocromática), sin embargo, ahora, las cámaras te permiten efectuar fotografías a color, que posteriormente podrás transformar a blanco y negro en tu ordenador. A pesar de que existe la opción de seleccionar directamente en tu cámara el modo blanco y negro en *estilo de imagen*, te lo desaconsejo, ya que no tiene vuelta atrás, y es posible que la imagen que en cámara preferiste en blanco y negro, más tarde en el ordenador la quieras a color.

Es importante señalar que no a todas las fotografías les favorece el blanco y negro, y no a todas les favorece el color, todo dependerá del motivo a fotografiar, o del mensaje que quieras transmitir.

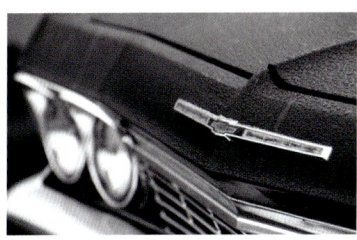

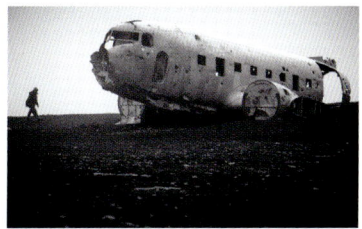

Por ejemplo, un retrato de una persona mayor o con las facciones muy marcadas, lugares abandonados, elementos antiguos, retratos o situaciones de mucho contraste, son motivos que encajan a la perfección en blanco y negro.

Sin embargo, un campo de flores en primavera, un atardecer muy rojizo, o cualquier elemento futurista o actual, son fotografías que quizá no trasmitan el mismo mensaje sin la ayuda de los colores vivos y de la saturación, por lo que es más recomendable su uso en color.

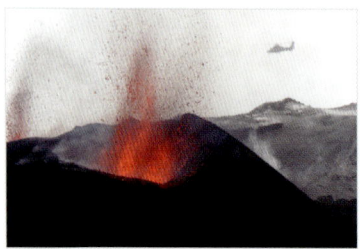 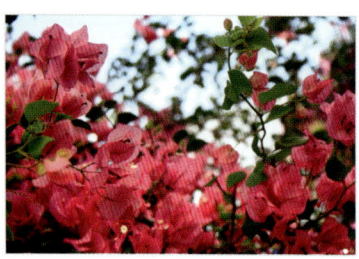

Espacio negativo

También conocido como contraste entre el blanco y el negro, donde un elemento o sujeto blanco se encuentra sobre un fondo negro o viceversa. Componiendo de este modo, logramos una mayor llamada de atención y atractivo.

El espacio negativo se puede utilizar para representar la soledad de un objeto o sujeto, y en muchas ocasiones va asociado a las fotografías en blanco y negro.

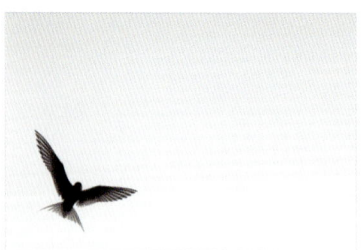 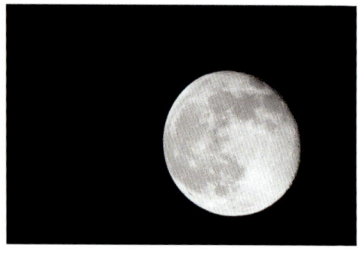

 Ten en cuenta que la norma del espacio negativo también podría aplicarse sobre elementos con colores (como por ejemplo un objeto azul, sobre un fondo amarillo) que no tienen por qué ser el blanco y el negro.

Elementos repetidos

A continuación, te muestro cómo la repetición de elementos, es un recurso muy utilizado para crear imágenes sugerentes.

■ ELEMENTOS CON LA MISMA FORMA Y EL MISMO COLOR

Tomar imágenes usando elementos repetidos de forma y color, agrupados o descolocados, suele ofrecer un gran peso visual, porque la repetición resulta llamativa, y puede llegar a representar algo tan simbólico como la unión o el compañerismo entre elementos o sujetos.

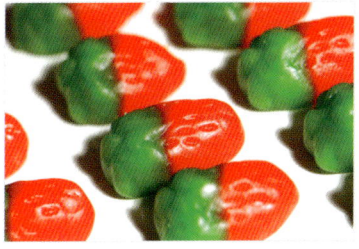 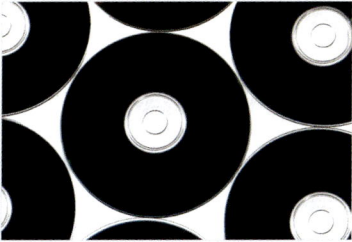

■ ELEMENTOS CON LA MISMA FORMA Y DIFERENTE COLOR

Realizar fotografías con elementos repetidos que tengan la misma forma pero distinto color, puede generar incluso mejor resultado que del modo anterior, ya que las imágenes resultarán más atractivas por la llamada de atención que genera al espectador observar tanta variedad de colores.

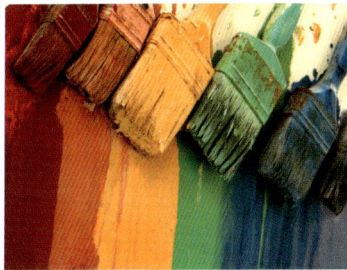 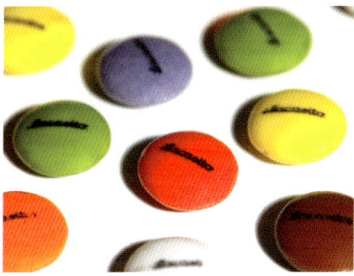

■ ELEMENTOS CON DIFERENTE FORMA Y TAMAÑO, PERO CON EL MISMO COLOR

En este caso, la similitud entre los motivos es el color, y el hecho de que las formas no sean iguales, hace que la imagen adquiera un mayor dinamismo.

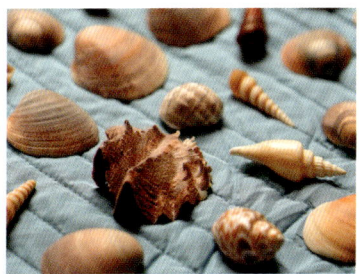 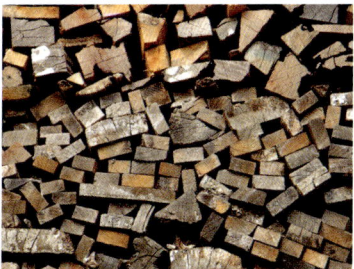

Líneas curvas y rectas

A la hora de componer, puedes apoyarte en las líneas rectas o curvas, consiguiendo que las personas que observen tus fotografías se muevan por la imagen siguiendo un camino o recorrido con principio y final.

Las líneas curvas captarán una mayor atención del espectador, porque a diferencia de las rectas, las curvas tienen más dinamismo, y por lo tanto el análisis de la imagen será más entretenido.

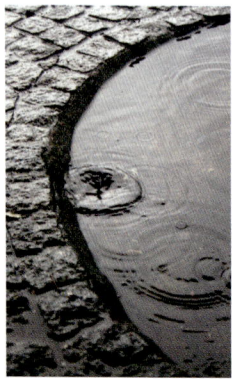 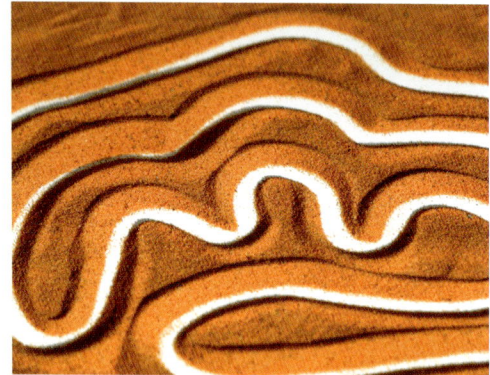

Por su parte, las líneas rectas sirven para guiar al espectador hacia donde se desee, ya que ofrecen un análisis más cuadriculado y predecible de la imagen.

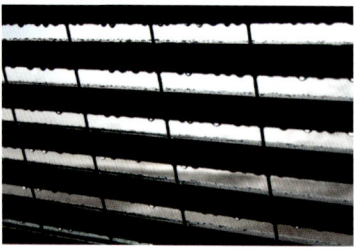 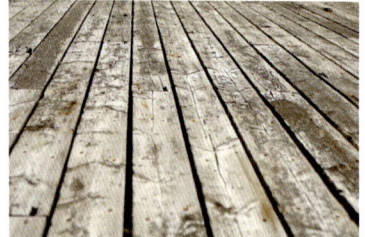

Enmarcado natural

Seguro que siempre has observado pinturas y fotografías delimitadas con marcos de madera, metal o plástico. Y ahora te pregunto, ¿por qué no hacerlo con un marco natural? De esta manera podrás acotar la imagen haciendo que el elemento de interés en la fotografía cobre mucho más protagonismo.

Te recomiendo que busques marcos de ventana, columnas, barandillas, árboles, puertas, etc. y que pruebes a componer utilizándolos como un elemento más de tu fotografía.

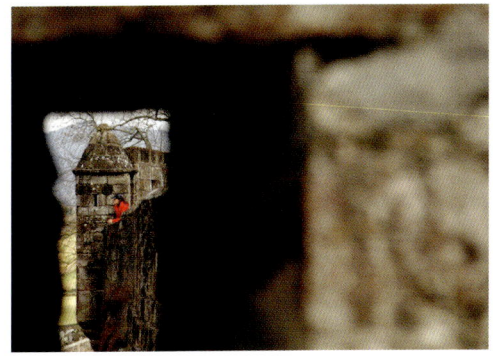

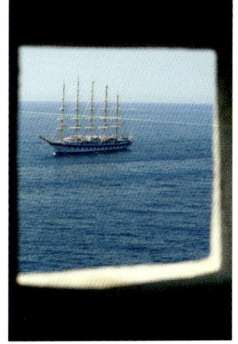

Tipos de planos

Además de las reglas de composición, es importante que conozcas cuáles son los tipos de planos (encuadres) que más favorecen en cada caso.

El motivo a fotografiar tiene mucha importancia a la hora de seleccionar un tipo u otro de plano, puesto que tendrás que elegir entre una fotografía con mucha cantidad de detalles (muy amplia), o una centrada en un único elemento (cerrada).

■ PLANO GENERAL

Es un plano o encuadre abierto, que se caracteriza por ser muy descriptivo, pues representa un lugar con todos sus elementos y detalles. Como norma general, se utiliza en la fotografía de paisaje, donde mediante este plano se aporta al observador la máxima información del lugar fotografiado.

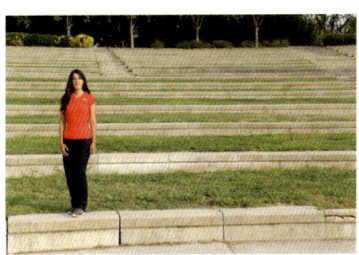

■ PLANO ENTERO

Es un plano que en la mayoría de los casos se emplea para fotografiar personas, porque es descriptivo del sujeto (pues se extiende desde los pies hasta la cabeza), pero no del lugar (como sería el caso del plano general). El plano entero se caracteriza por estar asociado la mayoría de las ocasiones a tomas verticales, porque de esta manera se rellena y aprovecha mejor el encuadre. No solo es aplicable a personas, ya que también puede emplearse a la hora de fotografiar animales y objetos.

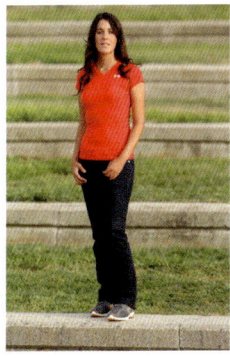

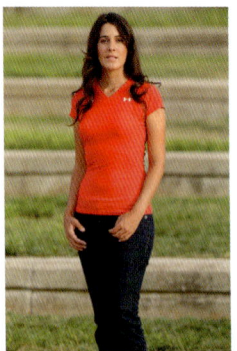

■ PLANO TRES CUARTOS O PLANO AMERICANO

Su nombre proviene de los films americanos de vaqueros donde los cineastas tuvieron que inventar específicamente este plano. Cuando había un duelo, si se elegía un plano medio, se cortaban las pistolas de los vaqueros cuando éstas se encontraban aún en sus cartucheras, y por el contrario, si realizaban un plano entero, éste se hacía muy amplio y distraía al observador. De ahí que este plano corte al sujeto por debajo o por encima de la rodilla. Junto con el entero, es sin duda el más extendido en la fotografía de moda.

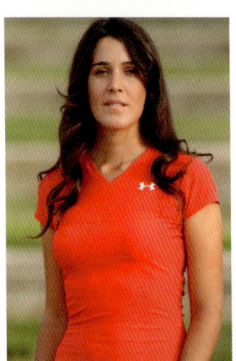

■ PLANO MEDIO

En este caso, al sujeto se le corta por debajo de la cintura, prestando siempre especial atención en no realizar el corte justo por las muñecas (articulaciones). Dado que no suele ser muy estético recortar de esta manera el brazo, intenta que las manos estén situadas siempre por encima de la cintura, o si lo están por debajo, que el corte sea por encima de las muñecas como en el ejemplo que te muestro.

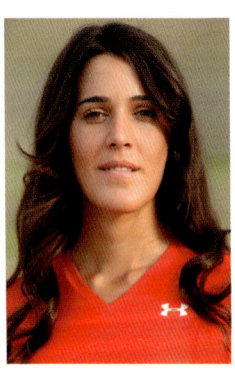

■ PRIMER PLANO

Este es el plano del retrato por excelencia, puesto que es un plano que cubre desde los hombros del sujeto hasta la cabeza. En este caso, podrás elegir el corte a realizar sobre la cabeza o, por el contrario, podrás dejar algo de aire por encima de la misma.

 Aunque también se realizan primeros planos a objetos, es importante señalar que comúnmente nos referimos a ellos como *planos cerrados*, y no como *primeros planos*.

■ PRIMERÍSIMO PRIMER PLANO

Te recomiendo que sólo lo uses cuando quieras o necesites centrarte específicamente en una de las partes del primer plano, porque es un plano muy cerrado.

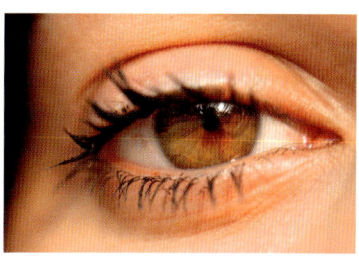

■ PLANO DETALLE

Se utiliza para fotografiar un elemento en detalle, que a simple vista no se observa dentro de la extensión del primer plano, plano entero o plano general.

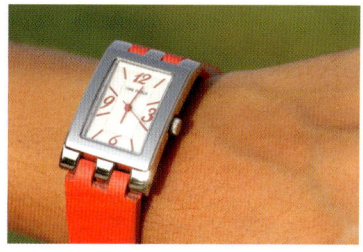

■ ¿CÓMO ELEGIR EL PLANO MÁS INDICADO?

Aconsejo que siempre que te vayas a enfrentar al encuadre de una fotografía, pienses primero qué tipo de plano le favorece más al motivo a fotografiar.

 Ten en cuenta que, como norma general, a los paisajes les suelen favorecer los planos generales y, a los retratos, los primeros planos.

En el siguiente ejemplo puedes ver cómo en la primera fotografía (plano abierto o general) aparece una escena con todo tipo de detalles que pueden llegar a distraer al observador y, sin embargo, en la segunda fotografía, el centro de atención es sólo una parte de la imagen anterior, ganando de esta manera fuerza visual e interés mediante el uso de un plano más cerrado o primer plano del motivo.

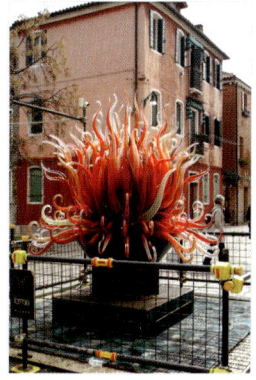

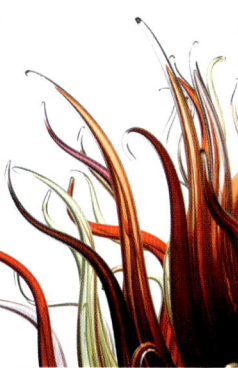

Podemos ganar fuerza visual e interés mediante el uso de un plano más cerrado

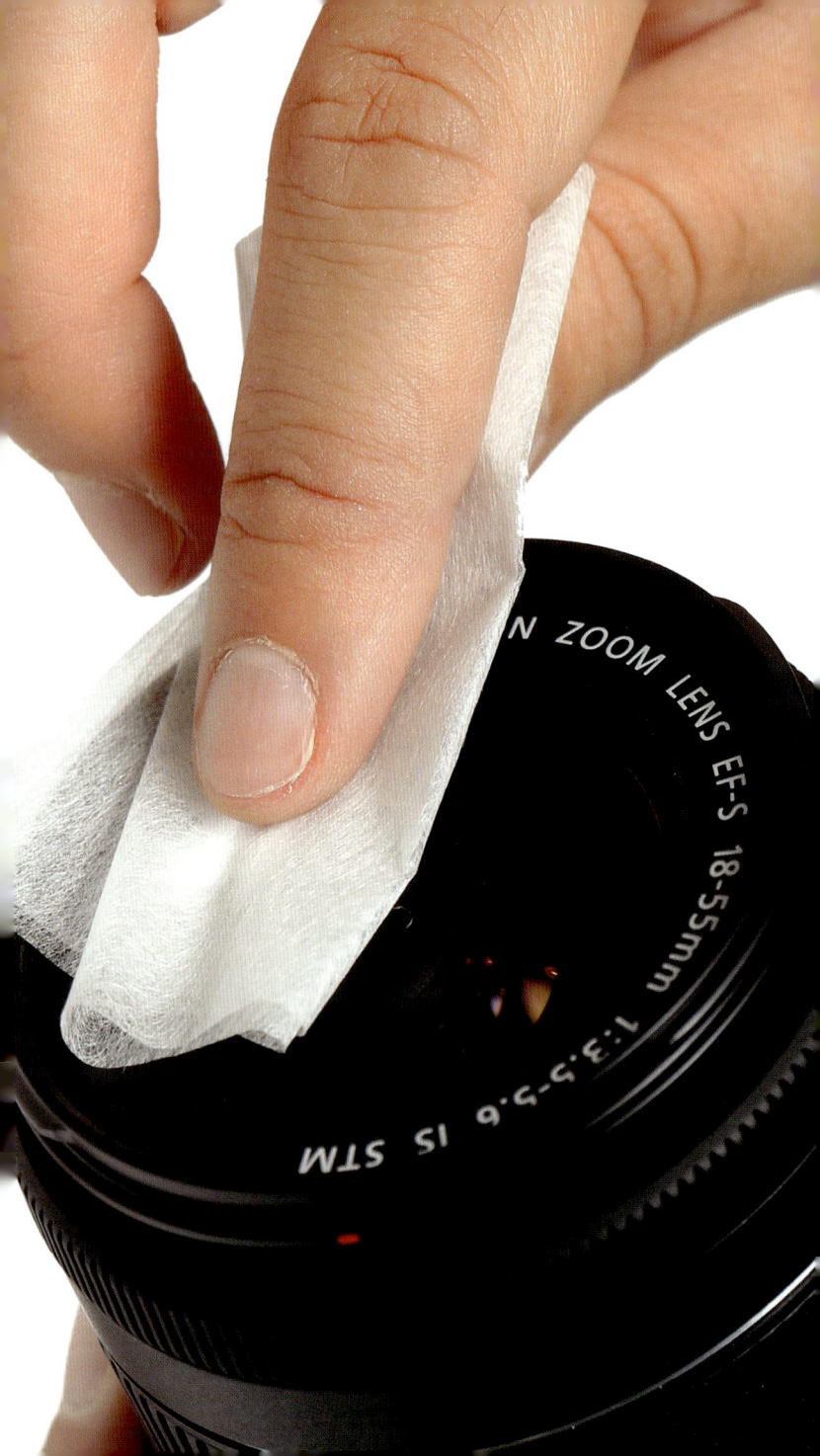

17. Cuidado, limpieza y transporte del equipo fotográfico

Cuidado del equipo fotográfico

Los golpes, el calor, y las pequeñas partículas de polvo, son los mayores enemigos de tu cámara y objetivos y, aunque no lo parezca, pueden provocar averías costosas y, de difícil solución, en tu equipo fotográfico.

■ GOLPES

Los golpes externos en la cámara, pueden ocasionar roturas importantes en la pantalla LCD (sobre todo en modelos con pantalla extraíble), haciendo que el cristal de ésta se astille de manera similar a las roturas producidas en las pantallas de los teléfonos móviles.

En cuanto a los objetivos, alguna de sus lentes podría llegar a desplazarse tras un golpe, repercutiendo directamente en la nitidez de la fotografía, y pudiendo ocasionar incómodos desenfoques en partes de la imagen.

Por ello, y para evitar en la medida de lo posible los golpes y las consecuencias antes comentadas, te recomiendo lo siguiente:

1. Llevar siempre la cámara en una mochila o bolsa de transporte específica.
2. Ten especial precaución al posicionar la cámara sobre un trípode, y cerciorarte bien de que está correctamente anclada a éste, antes de soltarla, ya que los golpes desde cierta altura, suelen ser muy dañinos y frecuentes.
2. Protege la cámara cuando tengas que caminar por algún sitio lleno de obstáculos (bosque cerrado, ciudad muy transitada, etc.) donde pueda golpearse. En estas situaciones, lo más recomendable es llevarla dentro de la mochila o bolsa de transporte, o colgada en bandolera y protegida con tu propio brazo como te mostré en el tema 3.
4. Siempre que dejes tu cámara a otra persona, asegúrate de que se la cuelga del cuello mediante la correa, porque es posible que no esté acostumbrada al manejo de una cámara réflex, y ésta se le pueda caer.
5. Cuando cambies un objetivo, procura guardar el que has quitado en la bolsa de transporte, porque de este modo evitarás que se caiga y golpee, que lo dejes olvidado en el lugar de la toma, o que te lo roben mientras sacas la fotografía.

■ CALOR

El calor es muy dañino para la cámara y las lentes pues, como vimos en el capítulo 2, la cámara no es metálica al 100%, sino que tiene gran cantidad de piezas de plástico que podrían llegar a derretirse tras una larga jornada al sol.

Por lo tanto, para evitar que la temperatura pueda dañar tu equipo, ten en cuenta estos consejos:

1. No dejes nunca la cámara al sol, o dentro de un coche con calor, porque en poco tiempo puede sufrir grandes daños.
2. Nunca coloques un objetivo sin tapa delantera y trasera expuesto al sol, ya que en pocos segundos, producirá un efecto lupa que puede derretir sus circuitos internos, y hasta quemar alguna superficie cercana.
3. En caso de que tu cámara se haya recalentado por haber utilizado durante mucho tiempo el modo video, no la uses hasta que pierda parte de esta temperatura (algunas llevan un sistema de aviso), porque el calor podría afectar al sensor, creando una mala reproducción de los colores, o desenfoques no deseados en tus fotografías o vídeos.

■ MOTAS DE POLVO

En lugares donde existe mucho polvo o arena, tienes que evitar exponer la cámara a estos elementos, pues enseguida comenzarás a ver cómo los diales, ruletas y botones se atoran o no funcionan de manera fluida, llegando incluso a no responder correctamente durante su manipulación.

Un proceso a evitar en esta situación es el cambio de objetivos, pero, si tienes que hacerlo, procura que sea de una manera rápida, para que el polvo no se introduzca dentro del mecanismo de la cámara, y no se pegue en tu sensor, o dañe el sistema de obturación.

DINÁMICA A SEGUIR PARA CAMBIAR OBJETIVOS EN LUGARES CON POLVO O ARENA

1. Apaga la cámara.
2. Resguarda el objetivo del viento y el polvo con tu propio cuerpo.
3. Coloca la cámara mirando hacia el suelo.
4. Cambia las lentes de la manera más ágil posible.

 Si las lentes y el visor tienen polvo o arena, procura quitárselo de forma suave con una pera insufladora. En ningún caso lo limpies con la mopa, porque podrás rayar la lente y el vidrio del visor con las propias partículas de suciedad.

Limpieza del equipo fotográfico

El equipo fotográfico es delicado, y de alta precisión, por lo que requiere de un sencillo mantenimiento periódico que evitará que motas de polvo o restos de suciedad puedan llegar al interior de tu cámara, afectando al funcionamiento interno de la misma.

■ ACCESORIOS DE LIMPIEZA

A continuación te muestro cuáles son los accesorios de limpieza, que podrás emplear para el mantenimiento de tu equipo.

GAMUZAS

Las gamuzas pueden ser de tela o de papel, y lo más importante es que tengan una superficie suave que no rayen la lente, y que no dejen ningún tipo de residuo o pelusa.

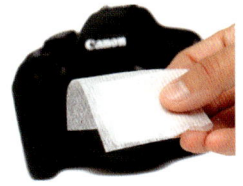

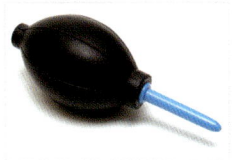

PERA DE AIRE

Con la pera podrás insuflar aire a la partes de la cámara, con una presión suficiente, sin dañar el funcionamiento de la misma.

 No confundas la pera limpiadora con la pistola de aire comprimido, porque son accesorios diferentes, y el empleo de este último podría dañar tu equipo.

■ MÉTODOS DE LIMPIEZA

Seguidamente, te explicaré cómo limpiar correctamente, y con la ayuda de los accesorios de limpieza que acabamos de ver, cada una de las partes de tu equipamiento fotográfico.

OBJETIVO

Te recomiendo que con ayuda de la pera limpiadora, primero elimines todas las partículas de polvo que se acumulan en la parte delantera de la lente y en la bayoneta (parte trasera).

Una vez hayas quitado gran parte de la suciedad sin tener que tocar el objetivo, deberás actuar con la gamuza, retirando la suciedad restante.

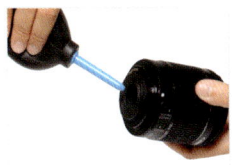 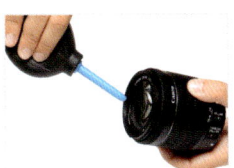 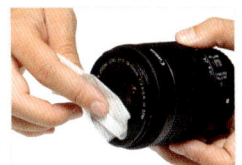

CUERPO DE LA CÁMARA

Podrás limpiar el cuerpo de la cámara combinando los dos accesorios de limpieza que acabo de mencionar.

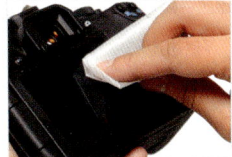

OBTURADOR

El obturador no puede limpiarse (porque no se puede acceder a él), por lo que tendrás que evitar que le llegue cualquier partícula de suciedad, ya que una simple mota del polvo situada entre sus finas cortinillas, podrían provocar una avería costosa y de difícil solución.

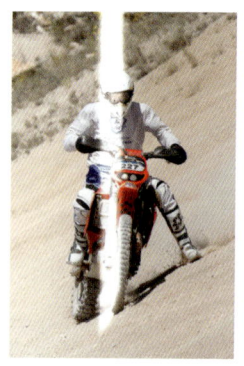

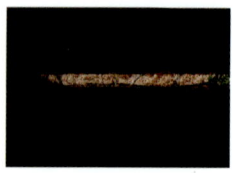

Imágenes realizadas con una avería en el obturador de la cámara

VISOR

Suele recoger mucha suciedad, afectándote a la visón y al enfoque de las fotografías. Por ello, tendrás que retirar el ocular y limpiar la zona exterior con la pera de aire y la zona del cristal con la gamuza.

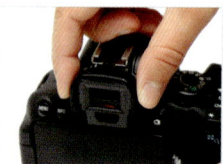
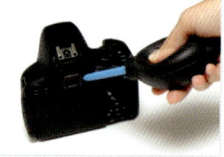
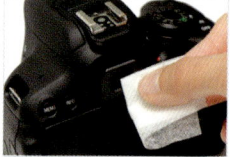

BAYONETA Y ESPEJO

Retira el objetivo de la cámara (con ésta apagada), y con mucho cuidado, insufla aire a la zona del espejo. Así eliminarás las partículas que se encuentran dentro de la cámara, que de otra manera afectarían a su funcionamiento o se verían a través del visor.

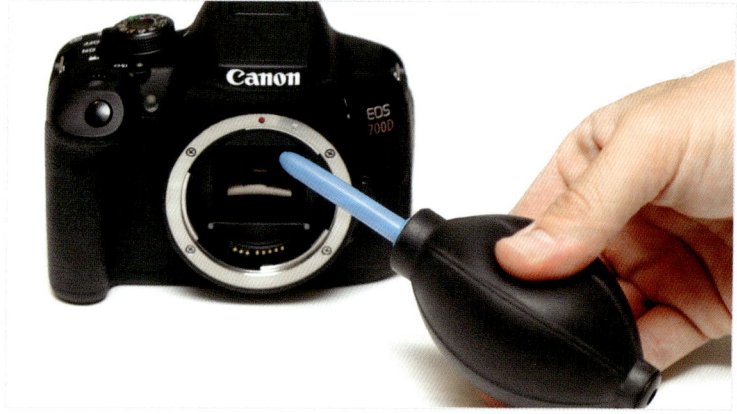

SENSOR

Te recomiendo que sólo limpies el sensor cuando observes motitas de polvo durante la visualización de tus fotografías, ya que es, en este caso, cuando el sensor tendrá motas adheridas a él.

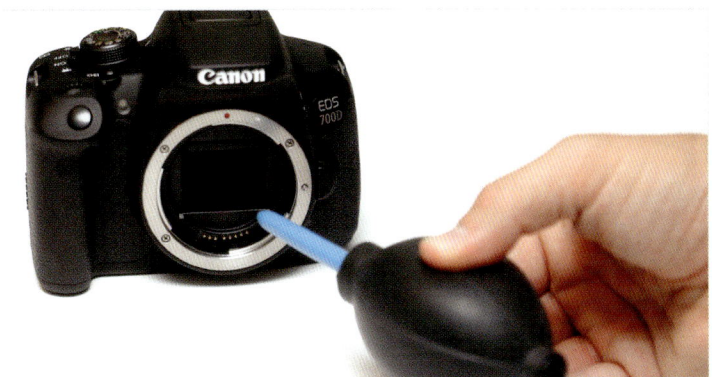

 Es importante que sepas diferenciar cuándo las motas de polvo se encuentran en el sensor y cuándo en el espejo. Como te expliqué antes, si las motas las observas mientras miras a través del visor, éstas se encontrarán en el espejo, mientras que si las percibes durante la visualización de tus fotografías, estarán situadas en el sensor.

■ MÉTODOS DE LIMPIEZA DEL SENSOR

En el menú *limpieza de cámara*, encontrarás las siguientes tres opciones para la limpieza de tu sensor.

AUTO LIMPIEZA

Si seleccionas esta opción, el sensor se limpiará de manera automática cada vez que inicies y apagues la cámara. Mediante una ligera vibración, el sensor logrará desprenderse de las partículas alojadas en una de las capas más externas del mismo.

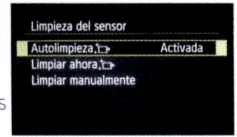

 Trata de no emplear este sistema en sesiones donde preveas encender y apagar muchas veces la cámara, porque harás trabajar en exceso al sistema de limpieza e incluso podría dejar de funcionar.

FUNCIÓN LIMPIAR AHORA

En este caso, la cámara sólo realiza una limpieza automática cuando tú se lo indiques, y es más profunda que la que se realiza con el modo *Autolimpieza*.

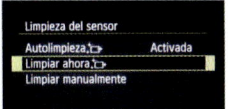

Te recomiendo que emplees esta opción después de un día largo de fotos donde hayas cambiado varias veces la óptica, o una vez a la semana, en caso de utilizarla con frecuencia.

LIMPIEZA MANUAL

En este caso, serás tú quien limpie el sensor de manera manual y, para ello, tendrás que realizar los siguientes pasos:

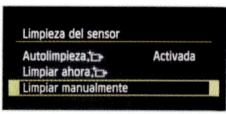

1. Comprueba el nivel de batería para evitar que, una vez levantados el espejo y el obturador, éstos no se cierren en mitad del proceso de limpieza.
2. Coloca la cámara boca abajo, para que el polvo que esté flotando en el ambiente no se cuele en su interior.
3. Activa la opción de *Limpieza manual* en el menú de limpieza.
4. Sitúa la pera a una distancia mínima de 10cm de la bayoneta para evitar que ésta toque el interior de la cámara.
5. Insufla el aire al sensor con la pera limpiadora, una vez que se haya levantado el espejo y el obturador.

Transporte del equipo fotográfico

La manera más recomendada y cómoda, para llevar tu cámara siempre contigo, es una pequeña mochila donde no sólo irá la cámara con un par de objetivos y accesorios, sino también un pequeño kit de limpieza, algún filtro y, por ejemplo, una guía de la ciudad y tu propia documentación.

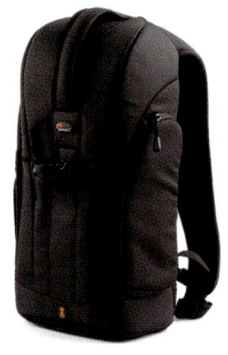

Las mochilas específicas de fotografía tienen en su interior (el cuál podrás personalizar a tu gusto y comodidad) una protección para que el material fotográfico no sufra golpes. Este tipo de mochilas suelen ser impermeables, para proteger el equipo frente a la lluvia.

También podrás encontrar estuches bandolera específicos donde alojar tu material que, a pesar de ofrecer un espacio más reducido, será suficiente para llevar un cuerpo de cámara con un objetivo, una batería y las tarjetas de memoria.

■ EQUIPO Y MATERIAL QUE NUNCA PUEDEN FALTAR EN TU MOCHILA ANTES DE SALIR DE CASA

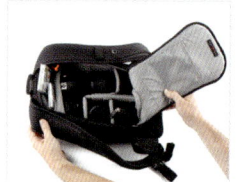

CÁMARA Y OBJETIVOS

Aunque es evidente, porque el fin es hacer fotografías, nunca está de más revisar la mochila antes de salir y comprobar que llevas el cuerpo de la cámara y los objetivos necesarios.

TARJETAS

Revisa siempre que la cámara tenga tarjeta, porque fácilmente habrás podido dejártela en casa al descargar las imágenes.

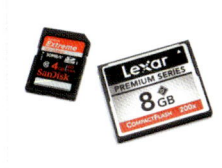

No obstante, te recomiendo que siempre lleves más de una tarjeta, pues basta que se te llene para que quieras disparar más fotografías y no puedas.

BATERÍA

Comprueba que la llevas contigo y que está cargada. Al igual que con las tarjetas, te aconsejo llevar una batería de sustitución, porque cargar la batería lleva su tiempo, y muchas veces es posible que no tengas acceso a una red eléctrica.

No obstante, tampoco está de más llevar el cargador porque es muy ligero y compacto, y en viajes de varios días podrías llegar a necesitarlo.

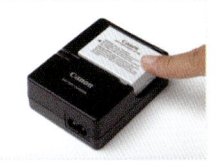
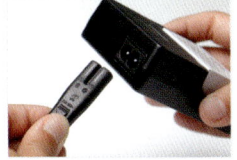
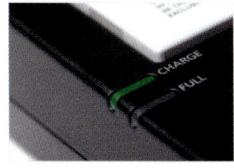

KIT DE LIMPIEZA BÁSICO

Con una pera limpiadora y una gamuza similar a la de limpiar las gafas, es más que suficiente.

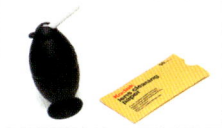

TRÍPODE

Te recomiendo que lo lleves contigo si prevés que vas a necesitar realizar fotografías nocturnas, o con tiempos de exposición largos. En caso de decidirte a llevar el trípode, no te olvides de la zapata del mismo.

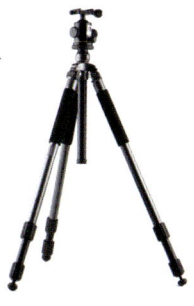

18. Glosario

ACDSEE: *Software para visualizar en formato JPG*. Posee un gran motor de visualización, ampliación y catalogación de las imágenes.

A contraluz: Una fotografía a contraluz es la que se obtiene enfocando hacia la fuente de luz. Los contraluces más habituales son aquellos en los que el sol se encuentra enfrente de ti, iluminando directamente hacia tu objetivo.

A foco: Cuando algo está enfocado.

Al servo o Enfoque continuo: Modo de enfoque que predice la distancia del sujeto al acercarse o alejarse y lo enfoca antes de realizar la fotografía.

Abertura: Orificio o apertura del objetivo por el cual pasa una determinada cantidad de luz.

Abertura máxima: Valor que indica la mayor apertura que posee el objetivo (está asociado al menor número f).

Abertura mínima: Valor que indica la menor apertura que posee un objetivo (está asociado al mayor número f).

Abrir un punto o paso de diafragma: Aumentar el tamaño de la abertura de diafragma, permitiendo mayor entrada de luz.

Angulares: Objetivos que tienen una gran cobertura de visión; su rango de focales comprende desde los 18 mm, hasta los 24 mm.

Anillo de zoom y de enfoque: Mediante estos dos anillos móviles que porta el objetivo se modifica manualmente, tanto el enfoque como la focal del zoom. Podrás diferenciarlos entre sí porque, como normal general y conforme te muestro en las fotografías de abajo, el anillo de zoom suele tener más superficie que el anillo del enfoque.

Autofoco o Enfoque automático: Es un sistema incorporado en la cámara que te permitirá enfocar de manera automática ya que, a diferencia del enfoque manual, con el autofoco no tendrás que modificar el dial de enfoque, pues la propia cámara se encargará de modificar las lentes de tu objetivo de manera interna. Para poder emplear este método de enfoque, previamente deberás seleccionar en tu objetivo la posición de enfoque automático *AF*.

APS-c: Sensor cuyo tamaño es de 15 mm x 23 mm, por lo que puede albergar menor número de pixeles que un sensor *FULL frame*.

Balance de blancos: Es una función de la cámara que se utiliza para realizar un equilibrio de blanco evitando, en tus fotografías, las tonalidades o dominantes creadas por las diversas fuentes de luz. La cámara tiene varios balances predeterminados que puedes elegir dependiendo de la situación de luz en la que te encuentres, así como una posición automática por si te resulta difícil reconocer la temperatura de color de la fuente de luz . De esta manera puedes conseguir compensar las dominantes rojizas o azuladas y hacer que el blanco sea blanco en tus fotografías.

Batería: Alimenta la cámara de energía para poder funcionar.

Bayoneta: Se encuentra tanto en el objetivo como en el cuerpo de la cámara, y es la zona de unión entre ambos. En esta parte es donde se encuentra el haz de luz (lugar por el cual incide la luz hasta el sensor), y donde se alojan los pins de conexión (a través de los cuales, el objetivo y la cámara intercambian información).

Botón de autofoco o enfoque manual: Este botón sirve para seleccionar el enfoque automático o manual de tu cámara. Situándolo en la posición *MF*, modificarás las lentes de forma manual mediante el movimiento del anillo de enfoque para obtener nitidez en tus fotografías, mientras que si lo colocas en posición *AF* la cámara enfocará automáticamente, siempre y cuando previamente hayas pulsado el botón de disparo a media presión.

Botón de cambio de lente: Botón que sirve para poder separar el objetivo de la cámara.

Botones de funciones: Se localizan en la parte posterior de la cámara, y pulsándolos se accede directamente a las funciones más importantes o frecuentes.

Cerrar un punto o paso de diafragma: Disminuir el tamaño de la abertura de diafragma, restando cantidad de luz.

Cobertura de visión de un objetivo: Hace alusión al ángulo de visión que cubre el objetivo con una focal determinada, y ésta podrá ir desde los 45º a los 180º.

Congelado: Se refiere al efecto que se produce cuando se utiliza durante la toma una velocidad alta de obturación (superior a 1/500) para frenar el movimiento de un sujeto.

Contraste: Diferencia entre las zonas oscuras e iluminadas de una fotografía. En las imágenes con mucho contraste suelen predominar los tonos muy claros u oscuros, y en las imágenes con bajo contraste suelen predominar los tonos medios o grises.

Cuerpo de la cámara: Parte de la cámara que actúa como armadura, realizando la función de coraza y ofreciendo gran resistencia a los golpes, al desgaste, al calor, al frío o al agua.

Diafragma: Se compone de unas cortinillas metálicas que se abren y se cierran de dentro hacia fuera creando en medio un orifico o hueco conocido como abertura de diafragma. Se encuentra en la parte posterior del objetivo (a diferencia del obturador que se localiza en la cámara). La función principal es controlar la intensidad de luz que pasa a través del objetivo, por tanto permiten controlar la exposición. A las aberturas se las conoce como números *f*.

El rango habitual de diafragmas en un objetivo es: *f* 3.5, *f* 4, *f* 4.5, *f* 5, *f* 5.6, *f* 6.3, *f* 7.1, *f* 8, *f* 9, *f* 10, *f* 11, *f* 13, *f* 14, *f* 16, *f* 18, *f* 20, *f* 22, *f* 25, *f* 29, *f* 32.

Nota: Los valores en gris hacen alusión a los tercios de diafragma.

Diámetro del objetivo: Se mide en mm y viene representado en la parte frontal del objetivo, o en el cuerpo del mismo, con el icono Φ.

Dial de corrección dióptrica: Dial con el que poder compensar hasta una dioptría y media, en caso de llevar gafas o lentillas.

Dial de programas: Dial mediante el cual seleccionar el programa de exposición que más se ajuste a tus necesidades en cada momento.

Disparo en ráfaga: Modo de disparo mediante el cual tu cámara realizará fotografías seguidas mientras mantengas pulsado el botón de disparo.

Disparo con temporizador: En el disparo con temporizador la cámara tomará la foto tiempo después de haber pulsado el botón. Este tiempo podrá ser de 2 o de 10 segundos, y de ahí que este modo se represente con un reloj que puede aparecer con un 2 o con un 10.

Disparo único: Cuando selecciones este modo en tu cámara, únicamente se realizará una fotografía por cada vez que pulses el botón de disparo. Encontrarás su icono representado por un rectángulo.

Distancia focal de una lente: Se representa en milímetros, y es la distancia entre el centro óptico de la misma o plano nodal posterior y el foco (o punto focal) cuando enfocamos a infinito.

Distancia mínima de enfoque: Los objetivos están limitados a la hora de enfocar de cerca ya que, al sobrepasar cierta distancia mínima, éstos no son capaces de enfocar. Puedes saber cuál es la *distancia mínima de enfoque* de tu objetivo, leyendo la inscripción al respecto que encontrarás expresada en metros.

Efecto seda o borrosidad: Movimiento en los objetos a fotografiar obtenido mediante el empleo de velocidades de obturación lentas. Empleando dichas velocidades para fotografiar el agua en movimiento, puedes conseguir el deseado *efecto seda* que seguramente habrás visto en infinidad de fotos de paisaje. Esta borrosidad también puede aplicarse a las luces, la arena, etc., consiguiendo efectos muy llamativos.

Efecto zoom: Se consigue gracias a la modificación manual del zoom durante la toma.

Encuadre: Límite de un área compuesta.

Enfocar o enfoque: Es observar a través de una lente o de un conjunto de lentes colocadas en tu objetivo y modificar su posición hasta conseguir una imagen nítida y con suficiente definición como para describir una realidad, que de otra manera quedaría borrosa o desenfocada.

Enfoque manual: Podrás enfocar de manera manual girando el *dial de enfoque* de tu objetivo, hasta obtener una imagen nítida en el punto que desees. Para poder enfocar manualmente, antes tendrás que seleccionar en tu objetivo la posición manual *MF*.

Enfoque foto a foto (*Single focus* o *One shot*): Modo de autofoco, con el cual la cámara enfoca una sola vez tras pulsar el botón de disparo a media presión.

Escaleta del fotómetro: La escaleta del fotómetro es la guía sobre la cual se desplaza el indicador de exposición, y se encuentra dividida en puntos o en fracciones de medios puntos o de tercios.

Estabilizador de imagen: Es una característica que poseen algunos objetivos. Evita la vibración a la hora de realizar la toma de una fotografía. (Es recomendable usarlo en situaciones donde haya poca luz y no puedas usar un trípode para apoyarte).

Exposición: La exposición es la cantidad de luz que recibe un material fotosensible (en el caso de tu cámara, este material fotosensible es el sensor). La cámara controla a través del obturador el tiempo durante el cual se deja pasar la luz, y mediante el diafragma (situado dentro del objetivo) la cantidad o intensidad de la misma.

Filtro: Lámina de vidrio transparente, o con una cierta opacidad, que modifica en mayor o menor medida la luz que atraviesa por el objetivo. Su forma es circular, y está acoplado a un aro metálico con un diámetro similar al del objetivo sobre el cual va a ser utilizado.

Filtro protector (UV o *Skylight*): La función principal es la de proteger la lente y, también, la de filtrar la radiación ultravioleta, sin apenas interferir en la fotografía, gracias a su escasa opacidad.

Filtro de densidad neutra (ND): Su misión es la de reducir el paso de luz, y por ello el vidrio que porta tiene una densidad mayor que la de un *filtro protector*. Puedes encontrar *filtros ND* con mayor o menor opacidad que restarán más o menos pasos de luz, dependiendo de la cantidad de luz que necesites quitar. Algunos fabricantes especifican la intensidad de los filtros como ND2, ND4 o ND8 (asociando éstos a un diferente % de transmisión de luz, llegando a reducir 1, 2 o 3 pasos de luz).

Filtro polarizador: Se diferencia del resto de filtros en que su aro metálico se divide en dos: en uno inferior que se enrosca a la lente, y en uno superior que porta el vidrio y que gira de manera independiente. Este tipo de filtros se emplean para oscurecer el cielo, controlar reflejos sobre el agua y el vidrio, y saturar los colores. Estos efectos los consigue mediante una estructura molecular o cristalina del vidrio que permite, o no, el paso de la luz en unos determinados ángulos que pueden ser modificados mediante el giro de la estructura móvil.

Flash de cámara: Es una fuente de iluminación que genera un destello de luz instantáneo, con una potencia limitada, capaz de iluminar una escena, motivo, o sujeto al realizar una fotografía. Se encuentra en la parte superior de la cámara, y se activa a través de un botón cuyo icono es un rayo.

Flash de relleno: Empleo del flash para el relleno de luz de la escena ya iluminada por el sol para eliminar las sombras o para iluminar a un sujeto u objeto a contraluz.

Formato JPG: Formato de imagen de menor calidad que el RAW, pero con mayor rapidez de descarga y visualización.

Formato RAW: Formato de imagen de gran calidad, aunque con lenta descarga y visualización de imágenes.

Fotografía digital: Imagen creada por la acción de la luz y de distintos procedimientos digitales.

Fotografía desenfocada: Es aquella que no tiene una nitidez apropiada, posiblemente porque el enfoque esté antes o después del sujeto u objeto a fotografiar.

Fotografía trepidada: Es aquella que presenta una ligera borrosidad o doble imagen producida por el uso de una velocidad inadecuada, frecuentemente lenta.

Fotografía sobreexpuesta: Se llama así la que aparece clara por estar por encima de la exposición correcta y, por lo tanto, tener más cantidad de luz que la necesaria para ser correcta.

Fotografía subexpuesta: Fotografía que aparece oscura por estar por debajo de la exposición adecuada, por lo tanto le falta una cantidad de luz para ser correcta.

Fotómetro de cámara (Exposímetro): El fotómetro se utiliza para realizar una medición o evaluación de la luz de la imagen. Se encuentra localizado en el interior de la cámara, y puedes observar los valores de su medición mirando el indicador de exposición a través del visor, o en la pantalla LCD trasera.

Indicador de exposición: Indicador móvil que se desplaza por la escaleta del fotómetro para informarte de la cantidad de luz que existe en la escena.

ISO: Valor numérico estandarizado que representa la velocidad a la que reacciona el sensor al estar expuesto a la luz. Mediante el ISO podrás hacer que esta velocidad varíe, otorgando a tu sensor una mayor o menor sensibilidad hacia la luz proveniente de la escena. A continuación te muestro los diferentes valores de ISO: 100, 200, 400, 800, 1600, 3200.

Línea de enfoque: Línea paralela al plano del sensor, en la cual todo lo que se encuentra en ella está enfocado.

Luminosidad: Es la capacidad que tiene un objetivo para dejar pasar la luz, y hace alusión al rango de diafragmas que cubre éste (permitiendo un mayor o un menor paso de luz).

Luz de día: Es una luz que tiene una temperatura de color de 5.500K, en las horas centrales del día.

Luz de flash: Luz fría y azulada que se diferencia del resto en que no es una luz continua, pues sólo dura un instante y su temperatura de color es de 5.500K.

Luz de fluorescente: Es la luz que suele iluminar los lugares de trabajo o los centros comerciales. Puede tener varias tonalidades frías o cálidas dependiendo del vidrio que porte y con independencia de su temperatura, se caracteriza por tener una dominante verdosa.

Luz principal: Es la luz que predomina sobre el resto en la escena.

Luz de tungsteno o de interior: Es una fuente de luz que posee un filamento incandescente con una tonalidad cálida muy parecida a las bombillas de toda la vida y tiene 3.200K de temperatura de color.

Medición: Medir es tomar referencias de la luz que existe en la escena a fotografiar para crear el valor de exposición deseado a partir de varios parámetros como son el obturador, el diafragma y el ISO.

Número *f*: Sistema numérico que indica la abertura (diámetro) del diafragma.

Número guía: Medida que representa la potencia del flash en base a la sensibilidad ISO y a la distancia que exista entre el flash y el motivo.

Objetivo: Dispositivo que contiene un conjunto de lentes, el sistema de enfoque y el diafragma. Su función es la de dirigir la luz que proviene de la escena hacia un soporte fotosensible (sensor de tu cámara), y crear una imagen nítida sobre éste.

Objetivos angulares: Estos objetivos tienen una gran cobertura de visión, su rango de focales comprende desde los 18 mm, hasta los 24 mm.

Objetivos medios: Se caracterizan por tener menor cobertura de visión que los objetivos angulares, sus focales van desde los 30 mm a los 60 mm. Son objetivos que proporcionan un ángulo de visión similar al del ojo humano.

Objetivo tele o teleobjetivo: Sirve para fotografiar a los sujetos u objetos lejanos. A su estrecho ángulo de visión se le suman grandes focales que pueden ir desde 70mm hasta 600 mm.

Objetivo ojo de pez: Objetivo que gracias a su construcción específica de lentes, ofrece un ángulo de visión de 180º.

Objetivo macro: Es capaz de enfocar a una distancia menor de la estándar del resto de los objetivos.

Obturador: El obturador se encuentra en el interior de la cámara y está formado por unas finas láminas dispuestas de manera horizontal que se abren y se cierran de abajo hacia arriba. El obturador determina el tiempo de exposición de una fotografía, permitiendo el paso de luz al sensor durante un periodo de tiempo establecido.

El obturador trabaja a partir de 1 segundo, fraccionándolo, o multiplicándolo, para conseguir el tiempo exacto deseado. A esta unidad de medida se le denomina tiempo de exposición o velocidad de obturación.

Parasol: Accesorio que se coloca en la parte frontal del objetivo y tiene como misión evitar la entrada de rayos de sol indeseados a través de las lentes.

Plano detalle: Se utiliza para fotografiar un elemento minuciosamente y que a simple vista no se observa dentro de la extensión del primer plano, plano entero o plano general.

Plano entero: Plano descriptivo de un sujeto, que se extiende desde los pies hasta la cabeza.

Plano medio: Plano en el que al sujeto se le corta por debajo de la cintura prestando siempre especial atención en no realizar el corte justo por las muñecas (articulaciones).

Plano tres cuartos o Plano americano: Plano que corta al sujeto por debajo o por encima de la rodilla.

Primer plano: Plano que comprende desde los hombros del sujeto hasta la cabeza.

Primerísimo primer plano: Plano muy cerrado que se centra específicamente en una de las partes del primer plano.

Profundidad de campo: La profundidad de campo es la nitidez aparente detrás del punto de enfoque; varía con la abertura de diafragma y con el objetivo que utilicemos. Cuanto más abierto esté el diafragma, menor profundidad de campo tendrá la imagen. Cuanto mayor sea la focal de nuestro objetivo, menor profundidad de campo tendrá la imagen.

Programa de prioridad al obturador: Es un modo de exposición semiautomático donde el fotógrafo selecciona la velocidad de obturación y la cámara ajusta la abertura de diafragma.

Puntos de enfoque: Pequeñas marcas rojas o grises que podrás ver iluminadas dentro de tu visor al pulsar a media presión el botón de disparo, y que sirven para transmitir a la cámara cuál es la zona de la imagen sobre la que deseas enfocar.

Regla de los tercios: La regla de los tercios se basa en dividir la imagen de forma imaginaria mediante 3 líneas (llamadas "líneas de tercios", en el eje horizontal y 3 en el vertical, y en situar los elementos de interés a fotografiar sobre dichas líneas o sobre las intersecciones de ellas. Con esto, lo que se logra es identificar el centro de interés.

Ruido: Molesto efecto que se aprecia en las fotografías al realizar la toma con una sensibilidad ISO alta. Son pequeños píxeles de color azul, rojo y verde. Tiene mayor presencia en las zonas oscuras o sombras.

Sensor: El sensor de una cámara digital se encuentra detrás del obturador y sustituye a la película. Se compone de píxeles que son pequeñas células sensibles a la luz, por lo que se clasifican según el número de píxeles que tengan.

Sensor *FULL frame*: Su tamaño es de 24 mm x 36 mm (similar al tamaño de un negativo de carrete), y puede albergar hasta 36 mega-píxeles. Este tipo de sensor es exclusivo de las cámaras profesionales.

Sensor *APS-c*: Su tamaño es de 15 mm x 23 mm, por lo que puede albergar menor número de píxeles que un sensor *FULL frame*.

Sincronización del flash: Es la coincidencia entre el destello del flash y el momento en el cual el obturador está totalmente abierto, permitiendo que se exponga todo el sensor. Las velocidades estándar de sincronización van de 1/60s a 1/125s, y la velocidad máxima de sincronización con la cual podrás usar tu flash de cámara oscila entre 1/180s y 1/250s.

Tarjeta de memoria: Es el soporte sobre el cual se graban y almacenan las imágenes que provienen del sensor tras realizar la toma. Existen varios formatos de tarjetas, aunque los más comunes son SD y *Compact flash*.

Temperatura de color: Es el nombre que reciben las temperaturas de las diferentes fuentes de luz y se mide en grados kelvin (K).

Tiempo: Hace alusión a la velocidad de obturación.

Trípode: Soporte para la cámara que consta de tres patas extensibles.

TTL: Sistema de medición que posee la cámara réflex, que evalúa la luz de la escena a través de las lentes.

Velocidades de seguridad o velocidades medias: Evitan que las fotografías salgan trepidadas o movidas como consecuencia de disparar a pulso (sin el empleo de trípode u otro tipo de apoyos). Las velocidades que te ayudarán a evitar la trepidación son: 1/60, 1/125 y 1/250.

Velocidades lentas: Son aquellas inferiores a 1/30 de segundo, como por ejemplo: 1/15, 1/8, 1/4, 1/2, 1, 2, 4, 8, etc. El uso de estas velocidades va asociado al empleo del trípode, monopie, o cualquier otro tipo de apoyo, ya que te será imposible sostener la cámara durante dichos segundos sin evitar que tu pulso afecte a la toma.

Velocidades rápidas: Se utilizan para fotografiar deportes y acción, así como para realizar contraluces. Las velocidades rápidas van desde 1/500 de segundo hasta 1/8.000 de segundo (equivaldrá a fraccionar 1 segundo, en 500 u 8.000 partes).

Zapata: La zapata se emplea para fijar la cámara al trípode. Su forma es rectangular o hexagonal, y suele estar construida de metal o plástico.

Zapata de flash: Sobre el *flash incorporado* de la cámara se sitúa una zapata donde poder fijar un flash de mayor potencia y de cabezal móvil.